Nina Weimann-Sandig

Weil Kinder beide Eltern brauchen

Der Ratgeber für moderne Familien

Bei einer Trennung stehen viele Fragen im Raum: Wie teilt man die Betreuung auf? Residenz-, Wechsel- oder Nestmodell? Und wie gelingt es, sich als Paar zu trennen, und doch gemeinsam Eltern zu bleiben? Die Familiensoziologin Nina Weimann-Sandig berät Mütter und Väter sachlich, mit viel Expertise und immer am Wohl des Kindes orientiert. Sie ermutigt dazu, Elternschaft auch nach der Trennung gleichberechtigt zu leben und Lasten fair zu teilen.

Dieses Buch bietet:

- Informationen zu Betreuungsmodellen und Themen wie Unterhalt, Sorgerecht, Kindeswohl
- Hilfe im Umgang mit Vorurteilen, Vorwürfen und veralteten Rollenbildern
- authentische Erfahrungsberichte von Eltern und Kindern
- alltagstaugliche Praxis-Tipps einer Expertin und zugleich selbst Betroffenen

Prof. Dr. Nina Weimann-Sandig lehrt als Professorin Soziologie und Empirische Sozialforschung an der Evangelischen Hochschule Dresden. Ein Schwerpunkt ihrer Forschung ist die Familiensoziologie in Deutschland und anderen Ländern. Dabei hat sie die Situation der unterschiedlichen Familienmodelle nicht nur theoretisch erforscht, sondern auch selbst erlebt: Die Mutter zweier Kinder ist geschieden und lebt seit einigen Jahren in einer Patchwork-Konstellation. Um Eltern bei den Herausforderungen von gemeinsamer Elternschaft nach einer Trennung zu unterstützen, verknüpft sie empirische Forschungsdaten mit eigenen Best-Practice-Beispielen. So ermöglicht sie Eltern, aber auch allen, die im beruflichen Kontext mit Trennungsfamilien zu tun haben, einen differenzierten Blick auf das Thema.

Nina Weimann-Sandig

Weil Kinder beide Eltern brauchen

Neue Perspektiven nutzen – faire Betreuungsmodelle finden

Hilfe für Trennungsfamilien

Kösel

Sollte diese Publikation Links auf Webseiten Dritter enthalten, so übernehmen wir für deren Inhalte keine Haftung, da wir uns diese nicht zu eigen machen, sondern lediglich auf deren Stand zum Zeitpunkt der Erstveröffentlichung verweisen.

MIX
Papier aus verantwortungsvollen Quellen
FSC® C014496
Klimaneutral*
Druckprodukt
ClimatePartner.com/14044-1912-1001

Penguin Random House Verlagsgruppe FSC® N001967

Umschlaggestaltung: Weiss Werkstatt München
Umschlagmotiv: itakdalee/Shutterstock.com
Lektorat: Dr. Diane Zilliges
Druck und Bindung: GGP Media GmbH, Pößneck
Printed in Germany
ISBN 978-3-466-31188-0
www.koesel.de

Inhalt

Widmung

Es mag unüblich sein, das einleitende Kapitel eines Buches mit einer Widmung zu beginnen, meist findet sich diese bereits vorab. In diesem Fall sagt die Widmung aber vielleicht schon einiges über die Intention dieses Buches aus.

Dieses Buch ist meinen vier Kindern,
meinem Lebensgefährten und auch
meinem Ex-Mann gewidmet.

Mein Lebensplan war sicherlich einmal ein anderer. Niemals hätte ich gedacht, dass irgendwann an meinem wunderschönen, großen Esstisch vier Kinder, ein Lebensgefährte und ein Ex-Mann gemütlich miteinander zu Abend essen würden. Zu meinen eigenen zwei Kindern noch zwei Bonuskinder zu bekommen, wäre für mich viele Jahre lang unvorstellbar gewesen. Hätte mir jemand in meiner Jugend erzählt, dass ich einmal nicht nur Mutter, sondern auch Stiefmutter sein würde, ich hätte es nicht geglaubt. Und wahrscheinlich laut gelacht.

Nun bin ich also vieles, was ich mir früher nicht hätte vorstellen können. Ich bin geschieden, bin Lebensgefährtin und eben nicht nur Mutter, sondern auch Stiefmutter. Gerade Letzteres ist ein grauenvoller Begriff in meinen Augen. Die Assoziation zu den bösen Stiefmüttern aus Grimms Märchen kommt wohl vielen in den Sinn. Besser klingt da der Begriff Bonusmutter. Er trifft für mich den Nagel auf den Kopf, weil er mehrere Interpretationen zulässt: Es sind Kinder, die in meiner ersten Lebensplanung nicht vorgesehen waren, die ich aber durch das Eingehen einer neuen Partnerschaft sozusagen als Bonus dazubekommen habe. Dies ist eine Interpretationsmöglichkeit. Eine andere: Mein jetziger Partner ist untrennbar mit seinen Kindern verbunden. Als klar war, dass ich mit ihm leben möchte, war also auch klar, dass noch zwei weitere Personen in dieses neue Leben integriert werden müssen. Nicht nur in mein Leben, sondern auch in das meiner leiblichen Kinder. Dies ist die zweite Interpretationsmöglichkeit. Die dritte: Meine Bonuskinder sind in vielen Bereichen meines Lebens ein Bonus, also ein Geschenk, zugleich aber auch eine große Herausforderung. Sie fordern mich tatsächlich ganz anders als meine leiblichen Kinder. Weil ich eben nicht ihre leibliche Mutter bin. Weil sie mich auch als Bonus, sozusagen »on top« in ihr Leben bekommen haben und sich nicht immer im Klaren darüber sind, ob sie es ebenfalls als Geschenk empfinden können, eine leibliche Mutter und eine Bonusmutter zu haben. Und weil das Zusammenwachsen als Patchworkfamilie für alle Beteiligten kein Zuckerschlecken, sondern ein permanenter Lernprozess ist.

Damit sind wir aber schon in der aktuellsten Phase meines Lebens angekommen. Mittendrin – und auch darum soll es in diesem Buch gehen – stand hingegen die Einsicht, dass ich meine Ehe beenden möchte und dass von einer Scheidung nicht nur wir als Paar, sondern vor allem auch unsere Kinder betroffen sein werden. Das Beenden einer Ehe kann vieles mit sich bringen: Aufatmen, Traurigkeit oder manchmal auch Mutlosigkeit. Oft wechseln sich diese Gefühlslagen ab. Beendet man eine Ehe mit Kindern, dann kommt ein zentrales, bohrendes Gefühl hinzu: die Sorge, dass die Kinder in irgendeiner Form Schaden nehmen und ihre Kindheit nicht mehr unbeschwert verlaufen kann. Manchmal liegt es dann nahe, dass die sich trennenden Elternteile einander die Schuld geben an dieser Situation, in die man die Kinder nun unfreiwillig hineinmanövriert.

Viel besser ist es, wenn man in der Sorge um die Kinder auch eine Chance erkennt: die Chance, trotz der Trennung gemeinsam Eltern zu bleiben. Das ist gar nicht so abwegig, ich sehe es ja an meiner eigenen Familiensituation: Wir haben es in den letzten Jahren geschafft, eine vertrauensvolle Beziehung zueinander aufzubauen und dafür bin ich sehr dankbar. Gemeinsame Elternschaft ist etwas, was wir aktiv leben und den Kindern vorleben. Gleichzeitig wissen wir, dass wir noch immer zu einer Minderheit gehören. Vielen Eltern, die sich trennen, ist es nicht möglich, eine kooperative Elternschaft beizubehalten oder neu aufzubauen, manchmal wegen Kleinigkeiten, die einfach im Weg stehen.

Eines sei vielleicht hier noch angemerkt: Eine gottgegebene Idylle ist unsere Situation nicht, sondern eine gemeinsame Anstrengung, ein permanenter Lernprozess. In vielen Bereichen und gerade in den ersten Jahren war die gemeinsame Elternschaft ein enormer Kraftakt. Denn auch bei uns waren unterschiedlichste Emotionen im Spiel, die uns immer wieder ganz persönlich herausgefordert haben. Es ist für mich nach wie vor keine Selbstverständlichkeit, dass sowohl mein Ex-Mann und ich, als auch mein Lebensgefährte und mein Ex-Mann eine freundschaftliche Beziehung aufbauen konnten. Ich bin jeden Tag dankbar dafür. Dankbar, weil zumindest meine leiblichen Kinder nun drei Elternteile in ihrem Leben haben, die für sie da sind. Dies ist sicherlich nicht der Standard. Durch meine Forschung konnte ich lernen, wie tief die Gräben zwischen getrennten Elternteilen oftmals sind.

Diese Ausgangssituation hat mich als Wissenschaftlerin sehr bewegt. Die Frage »Warum klappt es bei manchen Eltern, bei anderen aber so gar nicht?«, hat mich nicht losgelassen und die Forscherin in mir ist wach geworden. Als Soziologin hatte ich mich jahrelang mit anderen Themen beschäftigt, nun begann ich mich eingehender mit den existierenden Familienmodellen sowie ihren Auswirkungen auf Elternteile und Kinder zu befassen. Besonders interessiert hat mich dabei auch die gesellschaftliche Bewertung der Betreuungsmodelle, also die Frage, welche Bilder von Müttern und Vätern in unserer Gesellschaft eigentlich existieren, ebenso auch der Vergleich mit anderen Ländern. Welche große Bedeutung diese Bilder für die Ausgestaltung von Betreuungsmodellen nach der Trennung von Eltern haben, werde ich in diesem Buch immer wieder zeigen. Der Einfluss gesellschaftlicher Erwartungshaltungen und Fremdzuschreibungen an Mütter und Väter, vor allem an getrennt lebende Mütter und Väter, ist auch in unserer modernen Gesellschaft noch immens. Tatsächlich belegen unsere Forschungsergebnisse zunehmend, dass über gemeinsame Betreuungsmodelle wie das Wechselmodell oftmals aufgrund von Druck der erweiterten Familie oder auch von Freunden gar nicht erst nachgedacht wird.

Der Forschung zur Ausgestaltung von Familienformen, den Konflikten in Familien und insbesondere der Situation von getrennt lebenden Elternteilen gehe ich bis heute nach. Gerade die Coronakrise hat dieses Interesse, vor allem aber auch das Gefühl, den unterschiedlichen Familienmodellen mehr Gehör in der deutschen Familienpolitik verschaffen zu müssen, intensiviert. In den Jahren 2020 und 2021 hatte ich viele Medienauftritte und Interviews, habe viel geforscht und viele wissenschaftliche Artikel publiziert. In meiner Arbeit konnte ich mich immer wieder von der großen Unsicherheit der Eltern auf der einen Seite, aber auch einer großen Unsicherheit der Politik auf der anderen Seite überzeugen. Während die Unsicherheit der Eltern für mich absolut verständlich ist – in der Situation einer Trennung ist jedes Paar überfordert und muss als Eltern nicht nur weitreichende Entscheidungen für sich selbst, sondern auch für die Kinder treffen –, ist das fehlende

Interesse der deutschen Politik an einer Neuregelung von Betreuungsmodellen bzw. der Absicherung von vielfältigen Nachtrennungsmodellen für mich nicht nachvollziehbar. Die gelebte Vielfalt von Familien hört konsequenterweise nicht mit der Trennung von Eltern auf, sondern erfordert auch dort die politische Unterstützung neuer Lebensmodelle.

Raus aus der Mitleidsfalle – zur Motivation dieses Buches

Wenn Eltern sich entschließen, ihre Kinder nicht (mehr) in einer gemeinsamen Partnerschaft großzuziehen, dann geraten sie leicht in die Mitleidsfalle. Ich erinnere mich noch gut an die Reaktion meines Umfeldes. Selbst vermeintliche Freunde hatten diesen ganz besonderen, betroffenen Gesichtsausdruck, als ich erzählte, dass wir künftig als Paar getrennte Wege gehen werden. »Die armen Kinder! Na, da kannst du dich schon drauf gefasst machen, dass es Probleme geben wird. Scheidungskinder sind ja immer irgendwie auffällig.« Einige Freunde sahen sich sogar gezwungen, zwischen meinem Ex-Mann und mir zu wählen, weil sie der festen Überzeugung waren, dass wir nicht in der Lage wären, nach der Trennung freundschaftlich miteinander umzugehen. Damit bin ich kein Einzelfall. Das Deutsche Jugendinstitut schreibt in einem Bulletin aus dem Jahr 2010: »Bis heute ist die Vorstellung weit verbreitet, dass die jährlich etwa 150 000 Scheidungskinder in Deutschland bedauernswerte Geschöpfe sind, die Gefahr laufen, sich zu psychisch Geschädigten und zu Schulversagern zu entwickeln.«[1] Hartnäckig halten sich diese Vorurteile in unserer Gesellschaft.

Mit der Realität haben sie aber nichts (mehr) zu tun, wie ich in diesem Buch noch häufiger zeigen werde.

Im Jahr 2019 betrug die Scheidungsquote in Deutschland 35,8 Prozent, auf eine Eheschließung kamen also rein rechnerisch 0,3 Ehescheidungen.[2] Umso überraschender ist es, dass in der deutschen Gesellschaft über die Formen von Nachtrennungsfamilien, insbesondere über die Betreuung von Kindern getrennt lebender Eltern wenig diskutiert wird. In Deutschland ist die Debatte über eine Abkehr vom traditionellen Residenzmodell hin zu einem Modell, das beide Eltern gleichberechtigt in das Alltagsleben der Kinder einbezieht, bis zur 2021 gegründeten Ampelkoalition weit entfernt gewesen. Im Koalitionsvertrag haben sich SPD, Grüne und FDP nun aber darauf geeinigt, das Sorge- und Umgangsrecht dahingehend zu reformieren, dass Eltern, die sich für eine gemeinsame Betreuung ihrer Kinder auch nach der Trennung entscheiden, mehr Rechte bekommen und steuerlich entlastet werden. Politisch gesehen ist das Wechselmodell, wie es im deutschsprachigen Raum genannt wird, unter sehr schweren Bedingungen gestartet und muss sich bis heute viel Kritik gefallen lassen. Manche sicherlich zurecht, manche entbehrt jedoch jeglichem stichhaltigen und faktenbezogenen Fundament. Ein Fernsehbeitrag der ARD trägt beispielsweise den bezeichnenden Namen »Pendelkinder«[3]. Zu sehen sind Kinder auf ihrem gepackten Koffer oder solche, die sich mit schweren Taschen eigenständig mit S-Bahn oder Zug auf den Weg zum anderen Elternteil machen müssen. Kinder, die zerrissen sind, weil sie immer wieder ihre Tasche packen müssen und auf keinen Fall den Lieblingsteddy vergessen wollen. Eine solche Darstellung trägt aus meiner Sicht nicht zu einer konstruktiven Debatte um neue Modelle zur gemeinsamen Elternschaft nach der Trennung bei. Vielmehr wäre es notwendig darüber nachzudenken, warum wir Kindern, obwohl sie für die Trennung ihrer Eltern nichts können, nach wie vor zumuten, dass sie sich entscheiden müssen, bei welchem Elternteil sie aufwachsen wollen. Im besten Fall haben sie Mitspracherechte. In den meisten Fällen werden sie aber gar nicht gefragt. Sondern die Eltern – oder deren Anwälte – treffen die Vereinbarung über das Nachtrennungsmodell, ohne auf die Wünsche der Kinder oder die bisherige Familiensituation Rücksicht zu nehmen.

Die mediale Darstellung des Wechselmodells ist tatsächlich oftmals mehr als gruselig. Wen würde es nicht abschrecken, wenn er kleine, zerbrechliche Kinderkörper sieht, die schwere Taschen von einem Elternteil zum anderen schleppen müssen oder allein in der Bahn sitzen, um Hunderte von Kilometern zum anderen Elternteil zurückzulegen? Tatsächlich stimmt dieses Bild nicht. In jedem Betreuungsmodell muss das Kind bei beiden Elternteilen eine Rückzugsmöglichkeit für sich haben und müssen Kleidung, aber auch Spielsachen angeschafft werden. Im Wechselmodell ist es sogar so, dass jeder Elternteil eine Grundausstattung für das Kind anlegen muss. Sicherlich muss auch bei Wechselmodellkindern die Schultasche gepackt werden (wo gibt es das nicht?) und sicherlich wird auch der Lieblingsteddy von der einen Wohnung in die andere wandern (in einem mir bekannten Fall wandert sogar der Hund des Kindes mit, wurde also in das Wechselmodell integriert). Aber Hand aufs Herz: Es ist Sache der Eltern, diese Dinge so zu organisieren, dass das Kind davon weitestgehend verschont bleibt! Wenn Eltern ihren Kindern zumuten, dass sie die Last der Trennung tragen müssen, dann ist nicht das Modell schuld, sondern die Eltern.

Die gegenwärtige Diskussionskultur zu Betreuungsmodellen getrennt lebender Eltern kann in Deutschland als sehr emotional und von Lobbyinteressen der sich gegenüberstehenden Mütter- und Väterverbände geprägt beschrieben werden. Die sozialen Medien haben die Auseinandersetzung hierzu aus meiner Sicht auch eher »verschlimmbessert«. Einerseits erkenne ich den niederschwelligen Charakter und das damit verbundene demokratische Element der freien Meinungsäußerung hier klar wieder. Es ist auch unbedingt notwendig, dass sich Mütter wie Väter zu ihren Erfahrungen mit den unterschiedlichen Betreuungsmodellen äußern, und das Internet bietet hier eine gute Plattform. Andererseits ist ein Großteil der Kommentare, die von rivalisierenden Väter- und Müttergruppen getätigt werden, beleidigend und höchst diskriminierend. Persönliche Anfeindungen durfte ich dabei schon selbst erleben. Anfang des Jahres 2021 erschien ein Interview mit mir zu den Ergebnissen meiner Wechselmodellforschung auf dem Familienblog *StadtLandMama*. Diesen Blog kannte ich, schätzte die Journalistinnen und hatte bisher immer sehr viele Themen wahrgenommen, in denen es um die Rolle von Müttern ging; Väter wurden wenig thematisiert. Insofern waren die Kommentare immer sehr wohlwollend. Nun kam also ich in einem Interview und legte dar, warum in der heutigen Zeit immer mehr Väter nach der Trennung nicht nur Wochenendväter sein, sondern weiter Verantwortung übernehmen möchten, und warum sich gerade Frauen oftmals schwerer mit dem Wechselmodell tun (zwei Themen, die wir auch in diesem Buch besprechen werden). Sofort nach Veröffentlichung des Interviews entbrannte ein regelrechter Kommentarsturm, der die Initiatorinnen des Blogs wie auch mich regelrecht überrannte. Einige Mütteraktivistinnen schienen sich untereinander abgestimmt zu haben und versuchten nicht mit rationalen Argumenten ihre Sichtweisen darzustellen, sondern mit aller Macht meine Eignung als Wissenschaftlerin infrage zu stellen. Als sich dann auch noch eine Vätergruppe einklinkte, wurde ich als Person uninteressant und der Kleinkrieg zwischen den Gruppen brach aus. Schockierend war dies für mich deshalb, weil von beiden Seiten furchtbare Stereotypen und Pauschalisierungen zementiert wurden. Das Bild der rachsüchtigen, nach Unterhalt dürstenden Frau wurde ebenso gezeichnet wie das des emotionslosen, nicht am Kind interessierten und unterhaltsprellenden Vaters. Vielleicht ist gerade auch wegen der stark verhärteten Mütter- und Väterfronten der politische Wille zur Debatte um alternative Betreuungsformen und deren gesetzliche Verankerung in Deutschland, im Vergleich zu anderen Ländern, schwach ausgeprägt?

Den Eltern, die vor der Herausforderung stehen, nicht nur ihre Trennung zu regeln, sondern sich ebenso Gedanken über deren Auswirkung auf die Kinder zu machen, hilft dies aber wenig. Die Recherche im Internet kann hilfreich sein, sie kann aber auch verwirren und desillusionieren. Muss es denn überhaupt so weit kommen, dass sich Fronten zwischen getrennt lebenden Eltern so sehr verhärten, dass es keine Möglichkeit der gemeinsamen Elternschaft mehr gibt? Meine Erfahrung sagt: Nein, so weit muss und darf es nicht kommen! Wer als Paar scheitert, sollte nicht von Grund auf annehmen, dass damit auch eine gemeinsame Elternschaft gescheitert ist. Wer in der Lage ist, die Paarebene von der Elternebene zu trennen, der kann es durchaus schaffen, ein Modell der gemeinsamen Elternschaft nach der Trennung zu etablieren. Was es dafür braucht? Offenheit, Toleranz und Hintergrundwissen. Letzteres soll dieses Buch vermitteln und dabei auch zeigen, wie man Offenheit und Toleranz in schwierigen Situationen leben kann. Es ist geschrieben

- für Eltern, die auf der Suche nach einem Trennungsmodell sind, das zu ihnen passt.
- für Eltern, die wissen wollen, wie die unterschiedlichen Betreuungsmodelle nach der Trennung aussehen (können) und welche Vor- und Nachteile mit den einzelnen Modellen verbunden sind.
- für Eltern, die sich bei einer so grundlegenden und weitreichenden Entscheidung nicht von Fake News und emotional aufgeladenen Internetdebatten leiten lassen wollen.
- für Eltern, die wissenschaftlich hinterlegte Fakten zu den verschiedenen Betreuungsmodellen haben wollen.
- für Eltern, die an Best-Practice-Tipps interessiert sind.

- für Eltern, die gern auch ihre Kinder in die Entscheidungsfindung für ein Leben nach der Trennung einbeziehen wollen.
- für Juristinnen und Juristen, die sich ein Bild von den tatsächlichen gesellschaftlichen Entwicklungen machen und es in ihre Entscheidungsfindung einbeziehen möchten.
- für Mitarbeitende in den Jugendämtern und Beratungsstellen, die Eltern im Trennungsprozess eine ausgewogene, wissenschaftlich fundierte Handreichung mitgeben möchten.

Im Mittelpunkt meines Buches stehen nicht nur die Wahrnehmungen getrennt lebender Elternteile, sondern auch diejenigen von Kindern und Jugendlichen. Aus meiner Sicht wird genau diese Perspektive viel zu oft vergessen – leider auch in den Familienberatungsstellen. Auf die Bitte eines Elternteils bei der Familienberatung, doch auch einmal über die Wünsche der Kinder bei der Ausgestaltung der Betreuungszeiten zu sprechen, antwortete beispielsweise der zuständige Mitarbeiter:

> *»Das spielt nicht die große Rolle. Erst einmal ist es wichtig, dass sich die Eltern einig sind und alles organisiert bekommen, Kinder wissen oft ja eh nicht, was sie wollen.«*

Ohne darauf eingehen zu wollen, dass Mitarbeitende in Beratungsstellen eine pädagogische oder psychologische Ausbildung durchlaufen haben, die eine solche Aussage eigentlich nicht gebietet, wird hier ein Kernproblem in der Kommunikation getrennter Eltern deutlich: Oftmals meinen Eltern, dass es nach der Trennung wichtig ist, das eigene Terrain abzustecken und dafür zu sorgen, die eigenen Bedürfnisse maximal durchsetzen zu können. Die emotionalen Belastungen durch eine Trennung sorgen häufig zudem für einen vernebelten Blick. Mit einer Trennung ändert sich aber nichts am Kern der Elternschaft: Dieser besteht darin, die Bedürfnisse des Kindes über eigene Bedürfnisse zu stellen und die Meinung des Kindes altersgerecht in die wesentlichen Entscheidungsfindungsprozesse einzubeziehen.

Der Blick auf das Kind hat sich in den vergangenen Jahrzehnten grundlegend verändert. Der autoritäre Erziehungsstil im Befehlshaushalt, in dem das Kind Gehorsam zeigen und die Wünsche der Eltern befolgen musste, ist heute (zum Glück!) in den meisten Familien Vergangenheit. Wir wünschen uns als Eltern heute vielmehr ein selbstständiges und neugieriges Kind, das eigene Erfahrungen macht, seine Ideen in den Familienalltag einbringt und auf diese Weise alle Kompetenzen erwirbt, die es braucht, um ein glückliches und erfülltes Leben zu führen. Im Leben eines jeden Menschen gibt es dabei biografische Krisen, also Momente, in denen vom eigentlichen Lebensplan abgewichen wird. Die Fraktion der Anhänger der Lebenseinstellung »Früher war alles besser« (ich wette, da fallen auch Ihnen sofort mindestens ein bis zwei Vertreter:innen ein …) echauffieren sich gern darüber, dass Kinder heute aus ihren geregelten Bahnen herausgelöst werden, sobald sie in Familienmodellen jenseits der Normalfamilie aufwachsen, und dass es so etwas früher nicht gegeben hätte. Wirklich nicht?

Die Generation meiner Großmutter war geprägt von zwei Weltkriegen, der Nazidiktatur, dem Wiederaufbau. Nichts in deren Leben ist in geregelten Bahnen verlaufen. Mein Vater, Jahrgang 1947, wuchs als Nachkriegskind mit einer alleinerziehenden Mutter auf und bezeichnet sich selbst als »Schlüsselkind«. Eine Kollegin, Jahrgang 1976, geboren in der damaligen DDR, berichtete mir von ihrem Aufwachsen unter ständiger Beobachtung der Stasi, weil ihre Eltern ein evangelisches Pfarrerehepaar waren. In Wirklichkeit ist es doch so: Kaum ein Leben läuft in geregelten Bahnen und Kindheit war noch nie ein goldenes Ei!

Aber: Da wir heute viel Wert auf eine Erziehung legen, die das Kind in einer Art Eltern-Kind-Partnerschaft in den Mittelpunkt rückt, müssen auch schwierige Phasen des Familienlebens mit dem Kind besprochen werden. Natürlich spielt hier das Alter des Kindes eine große Rolle, denn manchmal wird gerade kleinen Kindern schon zu viel Diskussion zugemutet. Aber insgesamt halte ich daran fest: Wir können unseren Kindern manche Enttäuschungen und Traurigkeit leider nicht ersparen. Jedoch können wir dafür sorgen, dass sie mit diesen negativen Erfahrungen gut zurechtkommen!

Deshalb wird die Meinung von Kindern und Jugendlichen in dieses Buch Eingang finden. Ich gebe dem zuvor zitierten Mitarbeitenden der Beratungseinrichtung noch in einem anderen Punkt nicht recht. Es ist schön und wünschenswert, dass getrennte Eltern sich einig sind, es ist aber nicht die Normalität. Eine Trennung geschieht oftmals ja gerade deshalb, weil man sich nicht einig ist und keine gemeinsame Linie finden kann. Davon auszugehen, dass sich getrennt lebende Eltern also allein oder durch professionelle Hilfe immer und in allen Punkten einigen können, ist der falsche Ansatz und illusionär. Vielmehr muss es darum gehen, den betroffenen Eltern zweierlei deutlich zu machen:

- Je eher sie bereit sind, selbst Kompromisse in Fragen der Betreuung und Erziehung einzugehen, desto dienlicher ist dies für die Entwicklung ihres Kindes.
- Wenn es zu Konflikten zwischen den Elternteilen kommt, dann müssen diese auch auf der Ebene der Eltern bearbeitet werden (und die Kinder nicht zu Flipperkugeln degradiert werden!) und man muss sich einen Weg suchen, um die Konflikte lösungsorientiert zu lösen. Wer dies allein nicht schafft, sollte professionelle Hilfe in Anspruch nehmen.

Ich bin mir völlig bewusst, dass sich dies viel einfacher schreibt und sagt, als es sich in die Tat umsetzen lässt. In meinem privaten Kontext erlebe ich immer wieder, dass es zwischen den Fronten kracht und eine Annäherung manchmal unmöglich erscheint. Ich kann dazu aus eigener Beobachtung nur sagen:

> Jeder Versuch zur Konfliktlösung wird von ihrem Kind positiv bemerkt werden. Allein schon, dass beide Elternteile sich bemühen, miteinander im Gespräch zu bleiben, erleichtert die Situation für ihr Kind ungemein. Denn: Jedes Kind will seine Eltern lieb haben dürfen und jedes Kind hat das Recht auf ein unbeschwertes Aufwachsen!

Im Laufe meiner wissenschaftlichen Beschäftigung mit den Themen Familie und Trennung gab es verschiedene Fragen, die immer wieder gestellt wurden. Etwa, ob denn die Auswahl eines Betreuungsmodells zwischen den Eltern vereinbart werden kann oder gerichtlich angeordnet wird. Ob es Spielräume für Eltern gibt, Betreuungsmodelle zu wechseln und wie dies ohne Streit und Konflikt ablaufen kann. Und nicht zuletzt, wie man gemeinsam nach einer Trennung als Paar Eltern bleiben kann. Diese Fragen versuche ich in den nachfolgenden Kapiteln möglichst detailliert zu beantworten. Im Mittelpunkt dieses Buches stehen dabei getrennte Eltern, die versuchen wollen, auch nach der Trennung möglichst gemeinsam für ihr Kind da zu sein. Denn internationale Studien zeigen deutlich: Kinder kommen dann mit der Trennung ihrer Eltern gut klar, wenn sie keine Verlustängste empfinden müssen und in ihrem Leben beide Elternteile als verlässliche Bezugspersonen vorhanden sind! Dieses Buch soll außerdem Hintergrundwissen zu grundlegenden Begriffen vermitteln, die bei Trennung und Scheidung immer wieder eine Rolle spielen werden: Sorgerecht,

Umgangsrecht oder auch Unterhaltsregelungen. Darüber hinaus bietet es einen roten Faden vom Zeitpunkt der Trennung und dem damit verbundenen Gefühlschaos über die Auswahl eines geeigneten Betreuungsmodells bis hin zu der Frage, wie man als Elternteil sein Leben nach der Trennung neu organisieren kann. Das Buch geht ebenso auf gesellschaftliche Klischees und Stigmatisierungen ein, von denen Eltern in Trennung, aber auch Kinder getrennter oder geschiedener Eltern immer wieder betroffen sind und die es den Eltern oft so schwer machen, weiterhin eine gemeinsame Elternschaft zu praktizieren. Wo auch immer möglich, habe ich eine gendersensible Sprache verwendet. Aus Gründen der besseren Lesbarkeit erscheint an manchen Stellen jedoch das generische Maskulinum.

Fürth, im März 2022
Nina Weimann-Sandig

»Ich habe Angst, meine Kinder zu verlieren.«

Sorgerecht, Umgangsrecht und Kindeswohl – wichtige Begriffe bei familiären Trennungen

Wenngleich es etwas trocken anmuten mag, im ersten Kapitel mit abstrakten juristischen Begrifflichkeiten einzusteigen: Schon das Nachdenken über eine Trennung löst bei vielen Müttern und Vätern die Frage aus, ob sie damit das Sorgerecht für ihre Kinder verlieren könnten. Gerade deshalb ist es mir wichtig, Ihnen diese zentrale Angst gleich hier zu nehmen: In Deutschland wird viel Wert darauf gelegt, dass Eltern, die sich trennen, dennoch ein gemeinsames Sorgerecht behalten – wenn es auch während der Partnerschaft schon so geregelt war. Wie bereits erwähnt, gibt es viele Mythen zur Trennung von Eltern, die von Lobbygruppen (leider!) bewusst gestreut werden. Einer dieser Mythen besteht darin, dass bei einer Trennung das Sorgerecht automatisch auf nur einen Elternteil übergehen könnte. Dies ist in der Regel nicht der Fall. Allerdings gibt es nach wie vor Unterschiede zwischen verheirateten und unverheirateten Eltern. Schauen wir uns die Fakten an:

Grundlegende Informationen zum Sorgerecht

Tatsächlich kann man sagen, dass der Gesetzgeber noch immer verheiratete Eltern im Vergleich zu nicht ehelichen Lebensgemeinschaften bei Sorgerechtsregelungen deutlich bevorzugt. Denn durch die Ehe steht das elterliche Sorgerecht für gemeinsame Kinder grundsätzlich immer beiden Eltern gemeinsam zu. Dieses gemeinsame Sorgerecht bleibt in der Regel auch nach der Trennung oder Scheidung der Eltern bestehen. Die Scheidung selbst wirkt sich also nicht negativ auf die gemeinsame elterliche Sorge aus. Wenn die Eltern nicht verheiratet sind, dann wird das Sorgerecht zunächst automatisch der Mutter zugesprochen, außer die Eltern geben eine gemeinsame Sorgerechtserklärung ab, die durch einen Notar oder das Jugendamt beglaubigt werden muss. Stimmt die Mutter einer gemeinsamen Sorgerechtserklärung nicht zu, muss der Vater den Rechtsweg beschreiten und beim zuständigen Familiengericht beantragen, dass das Sorgerecht auf beide Elternteile übertragen wird. Mittlerweile sehen die Familiengerichte aber auch klare Vorteile für das Aufwachsen der Kinder darin, dass Eltern – egal ob verheiratet oder nicht – ein gemeinsames Sorgerecht haben. Vorausgesetzt, das Kindeswohl wird durch ein gemeinsames Sorgerecht nicht gefährdet.

Ein paar Gründe sprechen in Deutschland gegen ein gemeinsames elterliches Sorgerecht nicht ehelicher Lebensgemeinschaften:

- Die Eltern sind nicht in der Lage, gemeinsam zu kooperieren und mit Blick auf Erziehungsabsprachen miteinander zu kommunizieren, sodass Entscheidungsfindungen zum Wohle des Kindes nicht getroffen werden können.

- Wenn nachgewiesen werden kann, dass dem Kind aufgrund des mangelnden Kooperationswillens der Eltern Nachteile im Aufwachsen entstehen können, kann das Sorgerecht auf nur einen Elternteil übertragen werden.
- Ansonsten gelten die gleichen Gründe wie beim Sorgerechtsentzug geschiedener Elternteile: körperliche, seelische und sexuelle Misshandlungen und Missbrauch können ebenso zu einem Sorgerechtsentzug führen wie die Vernachlässigung des Kindes, dessen Gesundheitsgefährdung, fehlendes Erziehungsbewusstsein zum Beispiel durch Vernachlässigung der Schulpflicht, Suchterkrankungen eines Elternteils, Veruntreuung des Kindesvermögens oder schwerwiegende Erziehungsfehler.

Grundsätzlich bedeutet dies also: Ein einfacher Streit zwischen Elternteilen kann nicht dazu hergenommen werden, dem anderen Elternteil ernsthaft mit einem Sorgerechtsentzug zu drohen.

Auf den Punkt: Sorgerecht

Waren beide Elternteile sorgeberechtigt, dann besteht dieses gemeinsame Sorgerecht auch bei einer Trennung oder Scheidung fort. Bei verheirateten Elternteilen wird in der Regel mit Geburt des Kindes ein gemeinsames Sorgerecht eingetragen, unverheiratete Eltern müssen hingegen das gemeinsame Sorgerecht ausdrücklich regeln und bescheinigen lassen. Auch hier gilt: Gibt es das gemeinsame Sorgerecht, so besteht es nach der Trennung fort. Hat ein Elternteil das alleinige Sorgerecht, so besitzt nach der Trennung der andere Elternteil lediglich ein Umgangsrecht.

Auch wenn dies in hochstrittigen Trennungsszenarien immer wieder als Drohung ausgesprochen wird, so wägen die Familiengerichte sehr deutlich ab, ob ein Sorgerechtsentzug berechtigt ist, da generell das gemeinsame Sorgerecht Vorrang hat. Die Jugendämter in Deutschland unterstützen die Familiengerichte bei dieser Entscheidungsfindung.

Das Sorgerecht betrifft alle Angelegenheiten, die das Leben des Kindes regeln. Dazu gehören:

- Namensgebung des Kindes
- Anmeldung in der Krippe, Kita, Schule
- Bildungswege und Ausbildung des Kindes
- Religion
- Aufenthaltsbestimmungsrecht
- medizinische Eingriffe und Gesundheitsversorgung
- Umgangsrecht

Aufenthaltsbestimmungsrecht und Umgangsrecht

Zu unterscheiden vom Sorgerecht ist das sogenannte Aufenthaltsbestimmungsrecht. Es ist Teil des Sorgerechts. Nach § 1627 Bürgerliches Gesetzbuch (BGB) gehört das Aufenthaltsbestimmungsrecht zur Personensorge. Wie der Name schon sagt, geht es darum, den räumlichen Aufenthaltsort für ein minderjähriges Kind zu bestimmen. Dazu gehört in erster Linie der dauerhafte Wohnort und das dauerhafte Wohnumfeld. Aber auch Aufenthalte des minderjährigen Kindes an anderen Orten, etwa Urlaubsreisen und selbst Krankenhausaufenthalte fallen unter das Aufenthaltsbestimmungsrecht. Wenn die Elternteile ein gemeinsames

Sorgerecht besitzen, haben sie auch ein gemeinsames Aufenthaltsbestimmungsrecht, daran ändern Trennung oder Scheidung erst einmal nichts. Können sich die getrennten Eltern aber nicht darüber einigen, ob das Kind bevorzugt an einem Ort leben soll oder ob man ein Wechselmodell praktizieren möchte, kann jeder Elternteil beim Familiengericht das alleinige Aufenthaltsbestimmungsrecht beantragen. Maßstab für die Entscheidung des Familiengerichtes ist immer das Kindeswohl. Auch wenn einem Elternteil das alleinige Aufenthaltsbestimmungsrecht übertragen wird, bleibt das gemeinsame Sorgerecht beider Elternteile davon unberührt. Das heißt, beide bestimmen weiterhin gemeinsam über alle wesentlichen Belange des Kindes. In einem eigenen Verfahren könnte später das alleinige Sorgerecht beantragt werden.

Neben dem Sorgerecht gibt es das sogenannte Umgangsrecht. Es versucht, die sozialen Beziehungen der Kinder auch nach der Trennung der Eltern abzusichern. Dementsprechend bezieht es sich eben nicht nur auf die Elternteile, sondern auch auf Großeltern oder Pflegeeltern und Stiefeltern, Geschwister und Stiefgeschwister. Wichtig ist hier, dass aktive soziale Kontakte zwischen dem Kind und diesen Personengruppen zum Zeitpunkt der Trennung vorhanden waren und sich durch den Kontaktabbruch weitere Belastungen des Kindes ergeben könnten. Wichtig für unser Thema der gemeinsamen Elternschaft ist aber generell:

Das Kind hat Anspruch auf Kontakt zu beiden Eltern

Ein Kind hat einen gesetzlich gesicherten Anspruch auf den Umgang mit beiden Elternteilen. Verbunden mit diesem Recht sind aber auch Pflichten der Eltern. So gehört beispielsweise dazu, dass die Elternteile das Kind auf den

Besuch beim jeweils anderen Elternteil vorbereiten, diese Besuche zulassen und respektieren. Gerade Letzteres ist von hoher Bedeutung: Respekt bedeutet in diesem Zusammenhang, nicht schlecht vom anderen Elternteil zu sprechen, die Besuche in ihrer Bedeutung nicht zu schmälern und dem Kind vor allem kein schlechtes Gewissen wegen dieser Besuche zu machen.

Lebt das Kind nicht mit beiden Eltern zusammen, hat der nicht hauptsächlich betreuende Elternteil nicht nur das Recht, sondern auch die Pflicht, Zeit mit dem Kind zu verbringen. Dazu zählen persönliche Treffen ebenso wie regelmäßige Telefonkontakte oder schriftliche Kommunikation. Grundsätzlich gilt: Sorgerecht und Umgangsrecht sind unabhängig voneinander zu betrachten.

Der Begriff des Kindeswohls

Ein letzter Begriff soll an dieser Stelle noch eingeführt werden, nämlich der des sogenannten Kindeswohls. Doch was bedeutet das überhaupt: Kindeswohl? Auch dieser Begriff wird bei aggressiv streitenden Elternteilen fast schon inflationär als Drohung gebraucht oder eigentlich missbraucht. Denn das Kindeswohl ist eines der höchsten Güter moderner Gesellschaften und unterliegt in Deutschland einem gesetzlichen Schutz. Problematisch ist der Begriff deshalb, weil es einen breiten Auslegungsgrad dessen gibt, was in der Kindheitspädagogik wie auch den Rechtswissenschaften unter Kindeswohl verstanden wird. Kindeswohl und Kindeswohlgefährdung gehören demzufolge zu den sogenannten unbestimmten Rechtsbegriffen in Deutschland. Generell umfasst der Begriff das unbeschadete seelische, körperliche und geistige Aufwachsen von Kindern. Handlungsleitende rechtliche Grundlagen für Deutschland sind die Definition des Kindeswohls nach Artikel 3 der UN-Kinderrechtskonvention, der Kindeswohlbegriff in Artikel 24 der EU-Grundrechtecharta sowie das Kindeswohl im bundesdeutschen Recht, insbesondere im Grundgesetz, dem Bürgerlichen Gesetzbuch und der Sozialgesetzgebung. Die Kinderrechtskonvention ist insofern von Bedeutung, als sich Deutschland seit dem Jahr 2010 verpflichtet hat, die Kinderrechte uneingeschränkt zu achten, zu schützen und zu gewährleisten, es aber noch immer nicht geschafft hat, die Kinderrechte vollumfänglich in der Verfassung der Bundesrepublik Deutschland zu verankern.[4]

In Artikel 3 der Kinderrechtskonvention werden die Vertragsstaaten dazu verpflichtet, jedem Kind den Schutz und die Fürsorge zu sichern, die für sein Wohlergehen notwendig sind. Gleichwohl verweist auch die UN-Kinderrechtskonvention darauf, dass das Kindeswohl immer abhängig vom sozialen und ökonomischen Status des Mitgliedslandes ist. Während in Kriegsgebieten der Schutz von Kindern vor Kriegsfolgen zum unmittelbaren Kindeswohl zählt, spielt dies in westlichen Industrienationen wie Deutschland kaum eine Rolle. Vielmehr geht es hier um das Recht auf ein unbeschadetes Großwerden in familiären Kontexten, das Recht auf individuelle Förderung bei körperlichen oder psychischen Beeinträchtigungen sowie Zugang zu allen Formen von Bildung. Der englische Begriff in der Originalkonvention trifft es hier vielleicht auch besser. Gesprochen wird von »best interest of the child« und diesem Interesse sind nicht nur der Staat oder staatliche Institutionen, sondern eben auch die Eltern verpflichtet.

Im Artikel 24 der EU-Grundrechtecharta wird das Ganze dann schon konkreter beschrieben: Auch hier wird im ersten Absatz darauf verwiesen, dass Kinder Anspruch auf Schutz und Fürsorge haben, die für ihr Wohlergehen wichtig sind, hingewiesen wird aber zudem auf die freie Meinungsäußerung von Kindern und die Berücksichtigung von Meinungsäußerungen von Kindern, in Abhängigkeit von Alter und Reifegrad. Besonders interessant für uns hier ist Artikel 24, Absatz 3 der EU-Grundrechtecharta, denn hier steht:

> »Jedes Kind hat Anspruch auf regelmäßige persönliche Beziehungen und direkte Kontakte zu beiden Elternteilen, es sei denn, es steht ihrem Wohl entgegen.«

Die EU-Grundrechtecharta nimmt also eindeutig Stellung zugunsten einer gemeinsamen Elternschaft nach der Trennung und sieht diese nur kritisch, wenn das Wohlergehen des Kindes durch eine gemeinsame Elternschaft negativ beeinflusst wird. Im Zuge meiner Forschungen zur Trennung von Eltern wurde in Interviews auch das Thema Kindeswohl angesprochen. Zu welch fatalen Streitigkeiten und Auseinandersetzungen die fehlenden dezidierten Kindeswohldefinitionen im deutschen Recht führen, verdeutlicht dieses Interviewzitat eines Vaters:

> *»Dann bekam ich ein Schreiben von der Anwältin meiner Ex-Frau, dass man vor Gericht das alleinige Sorgerecht beantragen wolle, weil man das Kindeswohl gefährdet sehe. Ich habe die Welt nicht mehr verstanden! In welcher Sache hatte ich das Kindeswohl gefährdet, mir war das nicht klar. Es ist dann tatsächlich zum Prozess gekommen und wir haben nur sehr vage Angaben bekommen, was genau mir zur Last gelegt wird. Eher die üblichen Sachen wie nicht eingehaltene Termine, ich sei nicht verlässlich, würde mich an Absprachen nicht halten. Aus meiner Sicht natürlich nicht richtig. Am Prozesstag stand dann also die Anwältin meiner Ex-Frau da und führte*

in umständlichster Art und Weise aus, dass man das Kindeswohl gefährdet sehe durch unsere gegensätzlichen Erziehungsstile und dadurch, dass ich nicht bereit sei, die vorgegebenen Termine meiner Ex-Frau einfach zu übernehmen und sie die Planungen durchführen zu lassen. Sie wollte nach wie vor über mein Leben bestimmen und mir sagen, wann ich was mit meinen Kindern zu machen hätte, und allein meine Weigerung, das zuzulassen, wurde als Kindeswohlgefährdung bezeichnet!
Was mich dann beschäftigt hat, war, dass darüber wirklich diskutiert wurde und sich die Richterin wirklich da reinbegeben und überlegt hat, wo könnte man hier in welchen Punkten eine Kindeswohlgefährdung sehen. Am Ende war aber klar, dass es keinerlei Kindeswohlgefährdung ist, wenn die Eltern sich abstimmen müssen, sodass beide Elternteile auch ihr Leben organisieren können, solange es nicht dazu führt, dass die Kinder darunter leiden, Termine abgesagt werden oder keine verlässliche Betreuung der Kinder mehr gewährleistet ist oder die Kinder immer wieder Enttäuschungen erleben. Aber mir ist da bewusst geworden, dass der Begriff Kindeswohl wirklich sehr vielfältig gedeutet wird und man da schnell Probleme bekommen kann, wenn es die Ex darauf anlegt.« (Vater von zwei Kindern, lebte zwei Jahre im Wechselmodell, danach wurde auf Wunsch der Mutter das Residenzmodell gerichtlich angeordnet)

Was dieser Vater berichtet, ist kein Einzelfall. Dort, wo ein Elternteil den eigenen Erziehungsstil oder seine Sicht auf das Kind auch nach der Trennung weiter durchsetzen will, muss oft einmal das Wohl des Kindes als Platzhalter für eigene Enttäuschungen und Emotionen herhalten. Erpressung oder Manipulation sind dort keine Seltenheit, wo auf die schwächsten Glieder der Trennungskette gezielt werden kann: die Kinder. Gedroht wird nicht selten

Kindeswohlgefährdung laut Gesetz

Im Bürgerlichen Gesetzbuch (BGB) findet sich die Definition der Kindeswohlgefährdung in Paragraf 1666. Eine Kindeswohlgefährdung liegt dementsprechend dann vor, wenn eine Gefahr festgestellt wird, die so groß ist oder sich in einem solchen Ausmaß entwickeln kann, dass eine erhebliche geistige oder leibliche Schädigung des Kindes mit einer hohen Wahrscheinlichkeit zu erwarten ist. Damit wird die Schwelle für staatliche Eingriffe in den Erziehungsauftrag der Eltern benannt.

mit dem Jugendamt, was sicherlich dazu beiträgt, dass diese Institution von vielen getrennten Eltern als wenig hilfreich angesehen wird, wenn nicht sogar Angst einflößt. Hillary Rodham Clinton hat sich – weit vor der US-Präsidentschaft ihres Mannes – in ihrer Zeit als Assistenzprofessorin in Harvard mit dem Familienrecht intensiv auseinandergesetzt. Von ihr stammt ein berühmtes Zitat zum Kindeswohl (»best childs interests«): »Best interests operates as an empty vessel into which adult perceptions and prejudices are poured.«[5] Heißt so viel wie: »Das Kindeswohl steht nicht unantastbar für sich allein, sondern wird von den Wahrnehmungen und Vorurteilen der Erwachsenen beeinflusst.«

Wichtig scheint es dementsprechend, dass sich getrennt lebende Eltern im Vorfeld mit allen Begrifflichkeiten und gesetzlichen Grundlagen, also mit Fakten, auseinandersetzen. Tatsächlich stellt Artikel 6 des Grundgesetzes die Familie unter den besonderen Schutz des Staates. Die Erziehung wird als natürliches Recht der Eltern gewertet, zugleich wacht der Staat aber auch über die Einhaltung dieser Erziehungsfunktion. Wird sie nicht gewährleistet, greift der Staat durch die Institution der Familiengerichte wie auch der Jugendämter in die Familien ein. Dies gilt sowohl für zusammenlebende als auch für getrennt lebende Eltern, bei Letzteren nehmen die Streitigkeiten hinsichtlich der Erziehungsausgestaltung aber klar zu.

Die Definition der Kindeswohlgefährdung ist für Laien sehr abstrakt, deshalb werden sie oft nach Fallgruppen aufgeführt. Folgende Fallgruppen werden hier angesetzt:

- **Körper- bzw. Gesundheitsverletzungen.** Dazu zählen Tötungsversuche, körperliche und seelische Misshandlungen, aber auch massive körperliche Auseinandersetzungen zwischen den Eltern, die das Kind miterleben muss. Auch sexueller Missbrauch fällt in diese Fallgruppe, wobei der durch konkrete Anhaltspunkte begründete Verdacht im Einzelfall schon genügen kann.
- **Medizinische Versorgung des Kindes und dessen gesundheitliches Wohlergehen.** Eine Gefährdung liegt beispielsweise vor, wenn die Eltern eine für das Kind erforderliche Operation verweigern. Aber auch das Rauchen der Eltern kann eine Gefährdung für das Kind darstellen, zum Beispiel, wenn es an Atemwegserkrankungen leidet und darauf keine Rücksicht genommen wird.
- **Erziehungsfehler.** Um es gleich vorwegzunehmen: Streitigkeiten zwischen den Eltern sind an sich keine Kindeswohlgefährdung und haben dementsprechend auch kein Drohpotenzial. Erst wenn nachgewiesen werden kann, dass sich die Eltern trotz Hilfestellungen von außen in Erziehungsfragen nicht einigen können und die Kinder offensichtlich unter den Streitigkeiten leiden oder manipuliert werden, gehört dies in die Kategorie

Kindeswohlgefährdung. Entscheidender in dieser Fallgruppe sind Elternteile, die aufgrund psychischer oder physischer Erkrankungen, Drogenkonsum oder Zugehörigkeit zu Sekten nicht in der Lage sind, das Kindeswohl im Blick zu behalten.

- **Vernachlässigung des Kindes.** Unterernährung oder auch ungesundes Ernährungsverhalten, das zu dauerhaften gesundheitlichen Beeinträchtigungen führen kann, sind hier ebenso zu nennen wie mangelnde Hygiene im Haushalt und mangelhafte körperliche Reinigung der Kinder. Ebenso eine fehlende Beaufsichtigung der Kinder und permanentes Alleinlassen.
- **Schulische Bildung oder Ausbildung.** Hier zählen zum Beispiel die Nichteinhaltung der Schulpflicht, das Verweigern des Besuchs einer spezifischen Schule, die für die Förderung des Kindes wichtig wäre, oder mangelnde Bereitschaft, die Finanzierung der Ausbildung des Kindes zu übernehmen.

Grundsätzlich existiert in Deutschland der Grundsatz der Verhältnismäßigkeit, das heißt, staatliche Eingriffe müssen sich immer an der Schwere der Gefährdung oder unterstellten Gefährdung orientieren.[6] Staatliche Maßnahmen sollen folglich den Schutz des Kindes sicherstellen, zugleich aber auch die Wiederherstellung oder Unterstützung des verantwortungsgerechten Verhaltens der Eltern als oberstes Ziel haben. Die Trennung eines Kindes von den Eltern oder von beiden Elternteilen ist nur dann gerechtfertigt, wenn auch durch den vielfältigen Einsatz öffentlicher Hilfen keine Verbesserung der Situation erreicht werden konnte.

Diese Themen erscheinen zunächst abstrakt, doch sie sind wesentlich. Denn im Zuge vieler Trennungen wird ein Krieg angezettelt, der seinen Höhepunkt in den Streitigkeiten über das Sorgerecht sowie Beschuldigungen wegen Kindeswohlgefährdungen findet. Analog zu der 1981 erschienenen schwarzen Komödie »Der

Rosenkrieg«, in der das Ehepaar Rose (verkörpert durch Kathleen Turner und Michael Douglas) im Zuge des Trennungsprozesses alles tut, um sich gegenseitig zu vernichten, werden viele solcher Auseinandersetzungen auch im »echten Leben« geführt – meist mit höchst unrühmlichem Ausgang. Denn alle Beteiligten leiden unter familiengerichtlichen Auseinandersetzungen. Um dem vorzubeugen, ist es für Eltern wichtig, informiert zu sein. Und natürlich wäre es hilfreich, wenn unabhängige Beratungsstellen den sich trennenden Eltern die rechtlichen Grundlagen zu Betreuungsrechten und Betreuungspflichten klarmachen und verdeutlichen, welche negativen Auswirkungen das Vorenthalten von Umgangsrechten bis hin zum Kindesentzug für die kindliche Entwicklung haben kann. Der Umstand, dass die Gesetzgebung allen Kindern ausdrücklich das Recht auf beide Elternteile zugesteht, sollte für alle sich trennenden Elternpaare handlungsleitendes Motiv sein.

Gehen wir nun einen Schritt weiter und stellen uns im folgenden Kapitel die Frage, warum es notwendig ist, über neue Formen von Elternschaft nach der Trennung nachzudenken und nicht den traditionellen Regelungen einer Nachkriegsgesellschaft zu folgen, die wir in Deutschland längst überwunden haben. Ich möchte Sie ermutigen, an dieses Kapitel mit Neugier heranzugehen, denn es wird Ihnen unter anderem zeigen: Sie sind kein Einzelfall und keine gesellschaftliche Randgruppe, denn immer mehr Eltern kommen irgendwann in die Situation, über die Auswirkungen einer Trennung oder Scheidung auf ihre Kinder nachzudenken.

»Muss es unweigerlich schwierig werden?«

Vom Mut, einen neuen Blick auf Elternschaft nach der Trennung zu riskieren

Wie bereits in der Einleitung erwähnt, wird jede dritte Ehe in Deutschland geschieden. Dies mag unromantisch klingen, schärft aber den Blick für neue Entwicklungen. Macht man es an konkreten Zahlen fest, so wurden im Jahr 2019 laut Statistischem Bundesamt etwa 150.000 Ehepaare geschieden. Etwa die Hälfte dieser Paare hatte minderjährige Kinder.[7] Nicht erfasst sind hingegen die Zahlen von Trennungen nicht verheirateter Eltern. Angesichts des Anstiegs der Zahl nicht ehelicher Lebensgemeinschaften um gut eine Million im Zeitraum zwischen 1996 bis 2017 auf insgesamt 2,8 Millionen Paare ist davon auszugehen, dass sich die Zahl der getrennt lebenden Paare mit Kindern in den letzten Jahren signifikant erhöht hat.[8] Das Statistische Bundesamt geht davon aus, dass bei einem Drittel der nicht ehelichen Lebensgemeinschaften mindestens ein Kind im Haushalt wohnt.[9] Das heißt:

> Trennungen und Scheidungen sind heute in Deutschland längst keine Einzelfälle mehr, sondern gehören zu den Lebensbiografien sehr vieler Menschen. Entweder, weil sie damit konfrontiert werden, dass ihre Ehe gescheitert ist, oder aber, weil sie als Kinder getrennt lebender Elternteile aufwachsen.

Können Sie sich vorstellen, dass Scheidungen bis 1977 vor dem Hintergrund des »Schuldprinzips« in Westdeutschland an den Gerichten verhandelt wurden? Man ging also nicht davon aus, dass das Scheitern einer Ehe durch beide Partner:innen verursacht wird, sondern wies einem Partner die klare Schuld zu. Im Scheidungsurteil fand sich dementsprechend auch der Passus »schuldig geschieden«. Ganz klar bemühten sich dementsprechend viele Paare, ihre Ehe mit allen Mitteln aufrechtzuerhalten, auch weil man sich den eigenen Kindern gegenüber verpflichtet fühlte. Ganz ehrlich: Zum Glück hat sich dies heute grundlegend geändert! Zwar warten manche Paare mit der Trennung, bis die Kinder volljährig sind. Eine Vielzahl von Eltern orientiert sich mittlerweile jedoch nicht mehr am Lebensalter der Kinder, sondern an der Frage, was für die Kinder besser ist: das Aufwachsen in einer nach außen intakten, nach innen aber brüchigen Familie oder die frühe Auseinandersetzung mit dem Recht auf das Glücklichsein aller Familienmitglieder.

Alle diese Entwicklungen hat Ulrich Beck, einer der angesehensten Soziologen des 21. Jahrhunderts, mit seiner Individualisierungsthese eindrücklich skizziert. Den Individualisierungsbegriff brachte er in den 1980er-Jahren in die sozialwissenschaftliche Diskussion über gesellschaftliche Modernisierungsprozesse ein, indem er ihn in drei Dimensionen unterteilte: Die erste Dimension, die sogenannte Freisetzungsdimension beschreibt, dass Menschen mehr und mehr mit traditionellen und historisch vorgegebenen Sozialformen brechen, wie beispielsweise der traditionellen, heterosexuellen, auf Dauer angelegten Paarbeziehung. Polyamore Beziehungen – also Liebesbeziehungen, bei denen die Einzelnen mehrere Partner haben – werden beispielsweise in den vergangenen Jahren immer offener kommuniziert und rücken auch durch die mediale Berichterstattung ins öffentliche Bewusstsein. Die Individualisierungsbestrebungen der modernen Gesellschaft und der Anspruch der Menschen, ihr Leben nach eigenen Maßstäben zu gestalten, eröffnen folglich neue Möglichkeiten des Zusammenlebens, die immer auf Zeit angelegt sind. In den verschiedenen Lebensabschnitten eines Menschen werden stets neue Kriterien für Partnerschaften bedeutsam und dementsprechend auch Trennungen wahrscheinlicher. Manche Paare gebrauchen nicht umsonst den Begriff des bzw. der Lebensabschnittsgefährt:in.[10] Die von Ulrich Beck, aber auch anderen Soziologen wie beispielsweise Anthony Giddens thematisierten Individualisierungsbestrebungen der Menschen in westlichen Demokratien hängen eng mit der Entgrenzung moderner Gesellschaften zusammen. Entgrenzung meint dabei nicht nur wirtschaftliche Globalisierung, sondern auch vielfältige Bildungs- und Entwicklungsmöglichkeiten, ebenso aber auch soziale Auf- und Abstiege, die das Leben eines Menschen weniger planbar und stetig veränderbar machen. Dies bleibt nicht ohne Auswirkungen auf Partnerschaften. »Wir haben uns auseinandergelebt« gehört nicht erst in der heutigen Zeit zu den wichtigsten Erklärungsgründen für Trennungen. Aber die Tatsache, dass man dieses »Auseinanderleben« nicht mehr tolerieren kann und will, ist ein relativ neues und ein wesentliches Kennzeichen der individualisierten Gesellschaft.[11]

Wo keine Grenzen mehr gelten und tradierte Partnerschaftsformen immer mehr infrage gestellt werden, treten aber auch zunehmend Unsicherheiten auf. Ulrich Beck nennt dies als eine zweite Dimension, die »Entzauberungsdimension«. Partnerschaften in der heutigen Zeit sind anstrengend. Sie sind es deshalb, weil vorgefertigte Rollenmuster immer mehr hinterfragt werden. Das Bild der westdeutschen Hausfrau und des männlichen Haupternährers der 1950er- und 1960er-Jahre mag sich heute kaum jemand zurückwünschen (außer vielleicht einige Anhänger der AfD), es war aber ein klares Bild mit einer eindeutigen Rollenzuschreibung. Während sich die Ehefrau um die Erziehung der Kinder, die Sorgearbeit und alle haushaltsrelevanten Tätigkeiten zu kümmern hatte, sorgte der Ehemann für die finanzielle Existenz der Familie. Heute, in Zeiten von *Dual Career Couples*, gemeinsamen Elternzeiten und Pendlerfamilien, ist dieses klare Bild ins Wanken geraten. Die Soziologin Karin Jurczyk ersetzt dementsprechend beispielsweise das traditionelle Bild von Familie durch das Konzept *Doing Family*[12]. Familie als Konzept muss ständig neu verhandelt werden. Die Rollen sind nicht mehr klar zugewiesen, sondern müssen zwischen den Partner:innen stetig neu organisiert und diskutiert werden. Familie ist folglich kein Zustand, sondern ein Prozess.

So ist es nicht verwunderlich, dass sich Menschen, insbesondere Paare, heute auf die Suche nach einer dritten Dimension begeben, der sogenannten Kontroll- und Reintegrationsdimension.[13] Der Ausbau der Kindertagesbetreuung fördert beispielsweise das neue Familienkonzept, indem er beiden Partner:innen ermöglicht, Erwerbstätigkeit und Familienleben zu vereinbaren und nicht hinnehmen zu müssen, dass die Individualisierungsbestrebungen des einen auf Kosten des anderen dauerhaft begraben werden müssen. Vielmehr spielen Kompromisse eine große Rolle. Sie sind kräftezehrend und sicherlich auch ein Grund, warum Partnerschaften beendet werden. Wo Kompromisse nur unter enormer emotionaler Belastung gefunden werden können, schmälert dies das gemeinsame Fundament.

Nun ist es – trotz aller Anstrengungen für die Paarwelt heutiger Generationen – aber nicht so, dass diese neuen Individualisierungsbestrebungen nur Nachteile hätten. Während sich das Paarverhalten in den letzten Jahrzehnten sicherlich entscheidend verändert hat, hat dies auch positive Entwicklungen für die Elternschaft mit sich gebracht. An einem Interviewzitat von einem Vater zum Thema Wechselmodell sei dies verdeutlicht. Dieser Vater war aufgefordert, seine eigene Kindheit zu beschreiben, und er tat dies auf folgende Weise:

> *»Ich bin klassisch aufgewachsen, also wie man in Bayern aufgewachsen ist und wahrscheinlich in vielen anderen westdeutschen Bundesländern auch. Die Mutter war Hausfrau und der Vater war selbstständig und eigentlich ging es immer nur um die Arbeit oder er war immer nur in der Arbeit. Mitbekommen hat er eigentlich wenig von mir und meiner Schwester. Ich kann mich nicht erinnern, dass er daheim war, wenn ich krank war, oder Urlaub genommen hat, wenn was in der Schule war. Da waren dann halt meine Mutter und meine Großeltern da. Der Vater war fürs Geldverdienen zuständig, das wurde auch immer so gesagt. Und ich habe mir schon früh gesagt: Das will ich bei meinen Kindern so nicht!«* (Vater von zwei Kindern, lebte anderthalb Jahre im Wechselmodell, durch Umzug Übergang zum Residenzmodell)

Solche Worte sind keine Seltenheit. In einer Interviewstudie mit Vätern zu aktuell praktizierten Betreuungsmodellen nach der Trennung nahmen diese biografischen Schilderungen und das Erleben der Kinder einen wichtigen Stellenwert ein und erwiesen sich als Schlüssel zum Verstehen der Entwicklung neuer Elternschaft in den vergangenen zehn bis fünfzehn Jahren. Während in der Politik oftmals das Argument des demografischen Wandels und der damit einhergehenden verbesserten Arbeitsmarktintegration von Frauen bzw. Müttern dominant für die Erklärung neuer familienpolitischer Maßnahmen war, so blieb der veränderte Blick von Vätern auf ihre Elternrolle lange Zeit unberücksichtigt. Zum berechtigten Ansatz der Neuverteilung familiärer Sorgearbeit auf beide Partner:innen gehört aber auch der Aspekt, dass in Deutschland eine neue Generation von Vätern existiert, die das Aufwachsen ihrer Kinder miterleben will und dementsprechend die Vaterrolle mit Blick auf Vereinbarkeit von Familie und Beruf immer kritischer hinterfragt. Durch meine Forschung in vielen asiatischen Ländern wurde mir dies noch einmal besonders deutlich. Von gemeinsamer Elternzeit ist man in diesen Ländern noch Lichtjahre entfernt. Während Schwellenländer wie Kambodscha oder Vietnam den Mutterschutz erst kürzlich verankert haben und es noch immer üblich ist, dass werdende Mütter bis kurz vor der Geburt arbeiten müssen, macht sich um die Väter dort kaum jemand Gedanken. Nur wenige Arbeitgeber erlauben Vätern beispielsweise nach der Geburt zwei bis drei Tage zu Hause zu bleiben.[14] Für uns ist es hingegen in den letzten Jahren zunehmend selbstverständlicher geworden, dass werdende Mütter und Väter gemeinsame Elternzeiten planen. Eine Auszeit für die gesamte Familie soll auf diese Weise nicht nur die Bedeutung der Familie für unsere Gesellschaft reflektieren, sondern deutlich machen, dass beide Elternteile einen wesentlichen Anteil an der Sorge und der Erziehung ihres Kindes im ersten Lebensjahr (und darüber hinaus) haben. Betrachtet man auch hierzu aktuelle Zahlen, so sieht man, dass Paare dieser Argumentationslinie der gemeinsamen Elternschaft auch immer stärker folgen: Immer mehr Väter reduzieren für einen befristeten Zeitraum ihre Arbeitsstunden, um Zeit für die Familienphase zu haben. Machte im Jahr 2008, also im ersten Jahr nach der Einführung des Elterngeldes bzw. der Elternzeit, nur jeder fünfte Vater in abhängiger Beschäftigung von der Elternzeit Gebrauch, war es im Jahr 2017 bereits jeder dritte. In manchen Bundesländern, zum Beispiel Sachsen, liegt die Quote der abhängig beschäftigten Väter, die in Elternzeit gehen, sogar bei fast 60 Prozent. Studien berichten, dass Väter, die mindestens drei Monate Elternzeit nehmen, im Vergleich zu dauerhaft erwerbstätigen Vätern ohne familiäre Auszeiten, eine bessere Vater-Kind-Beziehung sowie einen intensiveren Vater-Kind-Kontakt haben und mit ihrer Vaterrolle deutlich zufriedener sind.[15] Auch in der Gesellschaft wird diese Entwicklung sehr positiv gesehen. Gerade Jugendliche und junge Erwachsene entwickeln hierdurch eine neue Sicht auf gemeinsame Sorgearbeit nach der Familiengründung. Blickt man auf die Zustimmungswerte der Eltern mit minderjährigen Kindern in Deutschland, so begrüßen 97 Prozent der Mütter den hohen Stellenwert der gemeinsamen Elternzeit sowie der daran geknüpften familienpolitischen Unterstützungsinstrumente und 79 Prozent der Väter.[16]

Auf den Punkt: Beide Elternteile werden als wichtig erachtet

Wir haben uns in den vergangenen fünfzehn Jahren zu einer Gesellschaft entwickelt, der es wichtig ist, dass beide Elternteile Anteil an der Ausgestaltung familiärer Sorge- und Erziehungsarbeit nehmen. Wir halten unseren Kindern damit vor Augen, dass beide Elternteile für ihr Aufwachsen wichtig und bedeutsam sind. Warum sollte sich diese gesellschaftliche Grundhaltung, die wir uns so hart erarbeitet haben, für die wir mit so vielen Rollenstereotypen und traditionellen, geschlechtszentrierten Normen- und Wertemustern gebrochen haben, nicht fortsetzen lassen, wenn Eltern entscheiden, sich voneinander zu trennen?

Diese Gedankengänge sind aus meiner Sicht essenziell für alle Überlegungen zur gemeinsamen Elternschaft nach der Trennung. Unsere moderne Gesellschaft ist nicht nur gekennzeichnet durch Individualisierung, sondern auch durch eine Pluralisierung von Lebensstilen: Vormals selbstverständliche Lebensformen, aber auch gesellschaftliche Überzeugungen verlieren an Bedeutung. Traditionelle Institutionen und klassische Rollenmuster sind im Wandel begriffen und damit büßen sie auch an Orientierungskraft ein. Familienmodelle und Partnerschaften sind heute nicht immer auf die Ewigkeit angelegt und dies müssen wir aufgreifen. Wir brauchen ein breites gesellschaftliches Verständnis für die Vielfalt an Familienformen, die gerade auch durch Trennung von Elternpaaren entstehen – und eine dazu passende Familienpolitik. Es braucht eine Entmystifizierung des Glaubens, dass man durch die Entscheidung für das Einschlagen getrennter Wege als Eltern zu einer gesellschaftlichen Randgruppe gehört. Vielmehr muss sich aus meiner Perspektive die Familienpolitik endlich den gesellschaftlichen Entwicklungen stellen und die Situation für getrennt lebende Eltern deutlich vereinfachen. Damit begeben wir uns nun von den gesellschaftlichen Entwicklungen auf die Ebene der Eltern, die beschließen, sich zu trennen. Überleiten möchte ich hier mit zwei Interviewzitaten von einer Mutter wie auch einem Vater.

> *»Für mich ist es sehr schwer zu realisieren, dass es vorbei ist mit uns als Familie. Ich habe diese Entscheidung nicht getroffen, sondern er. Er wollte doch unsere Familie nicht mehr. Dann muss er jetzt auch damit leben, dass er die Kinder nicht sieht.«* (Mutter von zwei Kindern, lebt seit einem halben Jahr getrennt und verweigert den Umgang des Vaters mit seinen beiden Kindern)

»Ich geben zu, ich bin nicht fair, wahrscheinlich eher unfair. Ich schreibe penibel auf, wann sie die Kinder hat und wie oft ich sie habe, und wenn es dann bei mir weniger ist, dann bin ich nicht immer freundlich, wenn ich die Kindsmutter daran erinnere, dass wir ein Wechselmodell haben. Insgesamt würde ich sagen, der Ton ist rau zwischen uns und das merken natürlich auch die Kinder.« (Vater von zwei Kindern, lebt seit zwei Jahren im Wechselmodell)

Diese beiden Zitate leiten das nachfolgende Kapitel aus meiner Sicht sehr gut ein. Trennt man sich denn eigentlich nur vom Partner bzw. der Partnerin oder bedeutet eine Trennung unweigerlich auch das Zerbrechen einer Familie und die Trennung vom Kind als logische Konsequenz? Ist es gerechtfertigt, bei einer Trennung seine Emotionen auszuleben, auch vor den Kindern? Machen wir uns auf den Weg in Kapitel drei und stellen wir uns die Frage: Von wem trennt man sich eigentlich und wie?

»Plötzlich ist es aus und man steht vor den Trümmern dessen, was man gemeinsam aufgebaut hat.« Von wem trennt man sich eigentlich und wie?

Dieses Titelzitat habe ich im Verlauf meiner Forschung zu Trennung und Scheidung immer wieder in Interviews gehört – sowohl von Müttern als auch Vätern – und vielleicht kam es Ihnen auch schon über die Lippen. Das Wort »plötzlich« meint dabei aber sehr viel weniger eine Ad-hoc-Entscheidung, sondern vielmehr die Tatsache, dass ein Beziehungsende – egal wie lange man damit gerungen hat – immer einen schmerzhaften Einschnitt darstellt. Unsere Forschungsergebnisse zeigten aber auch: Bei langjährig zusammenlebenden Eltern ist die Trennung nichts, was plötzlich passiert. Auch wenn manche Elternteile, insbesondere diejenigen, die die Trennung nicht wollten, das durchaus manchmal so beschreiben. Ich erinnere mich selbst noch sehr gut an meinen eigenen

Trennungsprozess, der sich auf fast anderthalb Jahre erstreckte. In dieser Zeit habe ich meinen Partner immer wieder darauf aufmerksam gemacht, dass unsere Beziehung aus meiner Sicht in eine Schieflage geraten ist, und gedanklich mögliche Konsequenzen durchgespielt. Trotzdem war es für ihn ein Schock, als ich die endgültige Trennung forderte.

Paartherapeut:innen und Psycholog:innen sprechen in der Regel von sieben Phasen der Trennung. Die erste Phase beginnt dabei aber erst an dem Punkt, an dem sie von einem der Partner ausgesprochen wird. Tatsächlich besteht jedoch ein Unterschied zwischen dem Partner, der beschließt sich zu trennen, und demjenigen, dem die Trennung mitgeteilt wird (außer beide Partner stellen fest, dass es besser ist, sich zu trennen): Der sich trennende Partner hat in der Regel schon einen Ablöseprozess durchlaufen, sodass mit dem Aussprechen der Trennung oftmals eine Phasenungleichheit besteht. Dies erklärt vielleicht auch die unterschiedlichen Reaktionen. Während Partner 1 schon an das »Leben danach« denkt und Pläne macht, ist Partner 2 voll mit dem Verlust der Partnerschaft beschäftigt und fällt vielleicht erst einmal in eine Schockstarre, tiefe Ängste und einen emotionalen Strudel. Während Partner 1 das Scheitern der Partnerschaft verinnerlicht hat, bestehen bei Partner 2 vielleicht noch immer Hoffnungen auf den Fortbestand der Beziehung. In den meisten Beziehungen kann man nicht davon ausgehen, dass Trennungen einvernehmlich verlaufen, also beide Partner zum gleichen Zeitpunkt feststellen, dass es besser ist, sich zu trennen. Selbst wenn insgeheim Konsens darüber besteht, dass die Beziehung in den letzten Jahren nicht mehr die beste war: Eine Vielzahl von Menschen würde eher an einer schlechten Beziehung festhalten, als sich zu trennen – gerade auch, wenn Kinder mitbetroffen sind.

Frauen und Männer trennen sich anders

Es gibt durchaus geschlechtsspezifische Unterschiede im Trennungsverhalten, wie internationale Studien herausfanden. Eine Arbeit der Stanford University zeigt beispielsweise, dass bei verheirateten, heterosexuellen Paaren der Wunsch nach Scheidung sehr viel öfter von der Frau ausgeht als vom Mann. Ganz anders verhält es sich bei der Kontrollgruppe der unverheirateten Paare: Hier äußerten Männer und Frauen mit gleicher Wahrscheinlichkeit den Wunsch, sich zu trennen, oder nicht. Die Tatsache, dass Frauen eventuelle Probleme in einer Beziehung anders wahrnehmen als Männer, spielt folglich weniger eine Rolle, denn dann müssten auch die Trennungen bei unverheirateten Paaren primär von Frauen ausgehen. Dies tun sie aber nicht. Die Gründe liegen also weniger an der Unzufriedenheit in der Paarbeziehung an sich, sondern eher in den normativ-gesellschaftlichen Erwartungen an die Rolle der Ehefrau. Ehefrauen nehmen offenbar eine Verschlechterung ihrer Lebensqualität wahr, wie dies auch Studien aus Europa und Australien belegen. Dort stuften die Ehefrauen die Qualität ihrer Beziehung im Schnitt geringer ein als Ehemänner. Als Gründe geben die Wissenschaftler:innen die Last der familiären Sorgearbeit an, die bei verheirateten, heterosexuellen Paaren nach wie vor dominant bei den Frauen liege und anscheinend durch die Eheschließung stärker zementiert werde als bei unverheirateten Paaren.[17]

Weitere geschlechtsspezifische Unterschiede im Trennungsverhalten fanden Studien an der Binghamton University New York und des University College London heraus. So setzen Trennungen, insbesondere das Verlassenwerden, Frauen in der Regel körperlich und emotional mehr zu als Männern. Für ihre Studie befragten die Wissenschaftler:innen 5705 Personen aus insgesamt

96 Ländern. Die Probanden sollten ihren emotionalen sowie physischen Schmerz nach einer Trennung auf einer Skala von 1 (gar nicht) bis 10 (unerträglich) bewerten. Von der Gesamtzahl der Befragten hatten 75 Prozent mindestens eine Trennung hinter sich, davon wiederum hatten 75 Prozent mehrere Trennungen erlebt. Das zentrale Ergebnis: Der »Nach-Beziehungs-Schmerz« war bei Frauen ausgeprägter als bei Männern, sowohl im emotionalen als auch im körperlichen Bereich. Allerdings erholten sich Frauen auch deutlich schneller von einer Trennung und schafften es öfter als Männer, emotional gestärkt aus einer Trennung hervorzugehen. Als Gründe geben die Wissenschaftler:innen hierfür in erster Linie verhaltensbiologische Ursachen an. Während Frauen sehr darauf achten, den qualitativ passendsten Kandidaten für die Zeugung des Nachwuchses auszuwählen, sind Männer nach der Trennung mit Konkurrenz und Rivalität konfrontiert, eine Tatsache, die für viele Männer schwer zu ertragen ist. So ist es vielleicht auch nicht verwunderlich, dass Männer nach einer Trennung früher eine neue Beziehung eingehen als Frauen. Und Frauen wiederum sehr daran zu knabbern haben, dass der Ex so schnell für Ersatz sorgt.[18] Jenseits aller wissenschaftlichen Befunde wird es aber niemanden geben, den eine Trennung völlig kalt lässt, vor allem, wenn von dieser Trennung auch Kinder betroffen sind. Denn: Man trennt sich von einem Partner bzw. einer Partnerin, von den Kindern aber trennt man sich nicht.

Familien mit Gewalterfahrung
An dieser Stelle sollte ich betonen, dass ich in diesem Buch in erster Linie von Familien ausgehe, bei denen sich die Eltern aus verschiedenen Gründen auseinandergelebt haben. Familien mit Gewalterfahrungen und Konflikteskalation sind ganz anders zu bewerten. Hier ist die Trennung oftmals eine Erleichterung und bringt ein Aufblühen der Kinder mit sich. Diese Familien bedürfen einer gesonderten differenzierten Betrachtung, die in diesem Buch nicht umfassend geleistet werden kann. Mir ist aber völlig bewusst, dass sich manche Lesenden vielleicht in solch einer Situation befinden. Deshalb sei hier deutlich gesagt: Alle nationalen und internationalen Studien verweisen darauf, dass Kinder, die in Familien groß werden, in denen sie allen möglichen Formen von Gewalt und Konflikten ausgesetzt sind, einen sehr viel größeren Schaden nehmen als Kinder, die ein Elternteil durch eine Trennung vor solch einer Kindheit schützt! Das Erleben von Gewalteskapaden führt oftmals zu einer sogenannten Gewaltspirale, die sich im Leben dieser Kinder fortsetzt und sie im Erwachsenenalter dann oft auch selbst gewalttätig sein lässt. Dementsprechend möchte ich hier allen Elternteilen Mut machen, die gegenwärtig noch in einer Beziehung verharren, in der sie Gewalt erleben: Schützen Sie sich und Ihre Kinder und nehmen Sie unbedingt Hilfe in Anspruch, die Ihnen bei einer Trennung zur Seite steht. Es gibt beispielsweise das Hilfetelefon »Gewalt gegen Frauen«, an das man sich in ganz Deutschland unter 08000 116 016 wenden kann. im Internet gibt es Hilfe unter

www.hilfetelefon.de. In Österreich gibt es die Frauenhelpline gegen Gewalt, erreichbar unter der Telefonnummer +43 800 222 555. In der Schweiz gibt es die Opferhilfe mit Beratungsstellen in allen Kantonen. Eine Überblickshomepage finden Sie unter: www.opferhilfe-schweiz.ch/de/wo-finde-ich-hilfe/. Ebenso gibt es ein Hilfetelefon unter der Nummer +41 800 24 7 365. Alle Telefonnummern sind rund um die Uhr an 365 Tagen erreichbar.

Wie gelingt es, den Schmerz der Trennung für die Kinder bewältigbar zu machen?

Halten Sie sich vor Augen, dass die Mitteilung der Trennung ein Schock für jedes Kind ist. Abhängig vom Lebensalter reagieren Kinder in diesem Schock ganz unterschiedlich. Lange habe ich überlegt, ob ich meine eigenen Erfahrungen an dieser Stelle schildern soll. Nicht, weil sie nicht hilfreich sein könnten, sondern weil sie – auch nach vielen Jahren – für mich noch immer schmerzhaft sind. Als Eltern möchten wir unsere Kinder ja eigentlich vor allen unschönen Momenten des Lebens bewahren. Und genau das ist nicht immer möglich. Wenn meine Erinnerungen dazu beitragen können, dass Sie sich in Ihrem Schmerz und der Unsicherheit etwas weniger allein fühlen, dann habe ich schon viel erreicht. Deshalb möchte ich diese sehr private Erfahrung gern mit Ihnen teilen. Hier ist daher meine Erinnerung an das Trennungsgespräch mit meinen Kindern:

Ich erinnere mich gut an den Moment, als wir damals unseren Kindern mitteilten, dass wir nicht mehr zusammenleben werden. Mein Sohn war acht Jahre alt, meine Tochter erst knapp vier Jahre alt. Mein

Sohn fing fürchterlich an zu weinen und zu schreien, er rief immer wieder »Ich mache das nicht mit, ich will das nicht!« Meine Tochter weinte natürlich auch, sicherlich aber eher angestachelt durch die Verzweiflung ihres Bruders. Mein Ex-Mann nahm dann meinen Sohn und fuhr mit ihm zu einem Freund. Ich blieb unfassbar traurig mit meiner Tochter zurück, entschloss mich dann aber, zu meinen Eltern zu fahren. Im Nachhinein würde ich sagen, es war eine gute Reaktion. Beide Kinder wurden abgelenkt durch Personen, die sie lieben und die ihnen das Gefühl gaben, nicht völlig den Halt zu verlieren, während wir Elternteile unsere Emotionen etwas runterkochen konnten.
Während meine Tochter in den nächsten Tagen sehr anhänglich war, sprach mein Sohn kein Wort mit mir und lehnte jeden Kontaktversuch und jede Berührung von mir rigoros ab. Mir tat das unfassbar weh, aber ich hielt mich zurück, irgendwie war ich ja auch die Schuldige, denn ich wollte die Trennung. Nach einigen Tagen normalisierte sich die Situation, an einem Abend stand er dann vor mir mit seinem Schlafanzug und seinen blonden Haaren und fragte mit zitternder Stimme, ob es denn keine Möglichkeit gäbe, dass ich doch mit Papa zusammenbleiben könnte. Damals war mir, als ob eine eiskalte Hand nach meinem Herz greifen und es zusammenpressen würde, weil ich wusste, dass ich ihm jetzt noch einmal furchtbar wehtun würde. Aber ich nahm mich zusammen, ging auf ihn zu, kniete mich vor ihn und sah ihm fest in die Augen. »Nein«, sagte ich, »dieses Chance gibt es nicht. Ich weiß, dass ich dir damit wehtue und du es dir anders wünschen würdest, aber ich will dich nicht belügen. Aber eines verspreche ich dir: Dein Papa und ich, wir werden immer gemeinsam für euch Kinder sorgen, wir sind eure Eltern und immer für euch da.« Wir weinten dann zusammen, ich hielt ihn lange in meinen Armen, während er ganz langsam vor Erschöpfung einschlief. Mir war überhaupt nicht klar, wie er die Situation verkraften würde.
In Absprache mit meinem Ex-Mann informierten wir den Kindergar-

ten unserer Tochter wie auch die Klassenlehrerin unseres Sohnes zügig über unsere Trennung und baten darum, uns in Elterngesprächen regelmäßig mitzuteilen, ob sich die Kinder in ihrem Sozialverhalten verändern würden. Dankenswerterweise hat dieser gemeinsame Austausch über die Kinder auch sehr gut geklappt, einen großen Einbruch hatten beide zum Glück nicht. Meine Tochter erzählte in der Kita sehr offen, dass sie traurig wäre, weil Mama und Papa sich trennen würden, dass Mama aber in eine wunderschöne Wohnung ziehen würde. Ihre Kindergartenfreund:innen und die Erzieher:innen standen ihr in dieser Zeit liebevoll zur Seite. Mein Sohn wurde in der Schule bis zum Zeitpunkt meines Umzugs unkonzentrierter und launischer. Ich bezog ihn in die Suche nach einer Wohnung ein, besichtigte diese mit beiden Kindern und versicherte ihm immer wieder: »Wir werden nichts tun, was dich unglücklich macht. Wir bleiben deine Eltern!«

Ich werde oft gefragt, warum meine Kinder relativ gut und schnell mit der Trennung zurechtgekommen sind, und habe über mögliche Gründe lange nachgedacht. Ein wichtiger Grund war sicherlich, dass wir die Trennung gemeinsam mitgeteilt haben und schon in diesem Gespräch, bei dem wir zu viert am Esstisch saßen, deutlich gemacht haben, dass diese Trennung uns als Paar betrifft, aber nicht uns als Eltern. Einem achtjährigen und einem vierjährigen Kind braucht man sicherlich nichts von der Liebe als Grundlage von Beziehungen zu erzählen, das würde sie aus meiner Sicht gänzlich überfordern. Dies mag bei Teenagern, die bereits erste eigene Beziehungen und die erste große Verliebtheit erlebt haben, anders sein. Sie können sich in die Beziehungsebene von Paaren schon hineinversetzen, kleinere Kinder können das nicht. Sie nehmen die Eltern auch nicht als Liebespaar wahr, sondern eben als Eltern, die für ihre Bedürfnisse da sind. Und genau diese Gewissheit muss man ihnen mitgeben. Die Gewissheit, dass man sich nicht von *ihnen* trennt, und zwar zu keiner Zeit!

In meiner Forschung zur Trennung von Eltern haben Befragte allerdings oftmals das genaue Gegenteil berichtet. Oft werden keine gemeinsamen Gespräche mit den Kindern geführt, in vielen Fällen wird überhaupt nicht mit den Kindern geredet. Bereits hier beginnt oft die Uneinigkeit zwischen den sich trennenden Eltern, die sich dann über weite Phasen erstreckt und alle Beteiligten, insbesondere die Kinder, zermürbt. An dieser Stelle lohnt es sich, Jugendliche aus unserer Trennungsstudie zu Wort kommen zu lassen, um zu sehen, wie sie über die Trennung ihrer Eltern informiert wurden und wie sie dieses Verhalten der Eltern bewerten:

> *»Und das war der Moment, als ich kapiert hab, dass sie nicht mehr zusammenkommen werden. Das war echt hart und ich hab auch ein bisschen geweint. Dann hab ich mich irgendwann gefragt, was ich von meinen Eltern fordern kann. Ich find ja schon, dass ich das Recht habe als Kind, weil ich kann ja nichts dafür, dass die sich trennen. Aber ich will beide in meinem Leben haben und das nicht nur einmal im Monat oder so. Und ich hab ja wohl auch das Recht zu sagen, dass ich mich bestimmt nicht entscheiden werde zwischen den beiden. Das hab ich meinen Eltern auch gesagt und zum Glück hatten die sich dann auch schon überlegt, dass das Wechselmodell für uns ganz gut wäre. Dann haben wir gesagt: Okay, wir probieren das aus, und jetzt läuft das seit 2016 bei uns und aus meiner Sicht läuft das gut. Also, meine Wünsche haben sich erfüllt, weil ich sie beide regelmäßig sehe, und ich hab das Gefühl, zwei Eltern zu haben, und das ist wichtig.«* (Siebzehnjähriger Jugendlicher, lebt seit fünf Jahren im Wechselmodell.)

Eine Trennung erfolgt also auf der Paarebene, nicht auf der Elternebene. Während wir Abschied nehmen müssen vom Liebespaar, ist das Elternpaar noch immer vorhanden, weil es unweigerlich und untrennbar mit dem Kind verknüpft ist. Dennoch muss die Trennung auch an das Kind kommuniziert und vor allem mit dem Kind besprochen werden (wenn sein Alter es zulässt). Aus eigenen Erfahrungen, aber auch auf Basis unserer Forschungsmaterialien habe ich eine Checkliste erarbeitet, die hilfreich sein kann zur Vorbereitung des Gesprächs mit dem Kind über die anstehende Trennung, gerade weil sie Betroffenen die Möglichkeit gibt, zwischen Eltern- und Paarebene zu differenzieren.

Checkliste für das Gespräch mit dem Kind über die Trennung:

- Eine Trennung bedeutet die Trennung eines Paares, nicht aber die Trennung zwischen Kindern und Eltern.
- Da die Kinder unweigerlich zu Betroffenen der Trennung werden, ist es wichtig, dass beide Elternteile elementare Spielregeln einhalten und sich gegenseitig auch an diese Spielregeln erinnern. Sollte eine Kommunikation mit klaren Spielregeln nicht möglich sein, sollte man sich eine außenstehende Person suchen, die das glückliche Aufwachsen der Kinder immer wieder in das Bewusstsein des Elternteils ruft, der die Spielregeln verletzt.
- Ab einem bestimmten Alter, meines Erachtens ab Grundschulalter, sollte es ein gemeinsames Gespräch beider Elternteile mit dem Kind über die Trennung geben.

- Kleineren Kindern sollte auf keinen Fall vermittelt werden, dass ein Elternteil künftig aus seinem Leben verschwinden wird. Auch bei ihnen sollte man sehr gut auf die Wortwahl achten: »Mama und Papa werden zukünftig nicht mehr gemeinsam in einer Wohnung leben« hat einen ganz anderen Aussagecharakter als »Papa (oder Mama) sind jetzt weg und wir sind allein«. Gerade bei kleinen Kindern empfiehlt es sich, Erziehungsberatungsstellen oder Kinderpsycholog:innen zu Rate zu ziehen und die Kinder altersgerecht über die Trennung zu informieren.
- Wichtig für das Gespräch ist eine ruhige und vertraute Atmosphäre, die dem Kind Gelegenheit zum Rückzug bietet.
- Zeit ist kostbar und bei diesem Gespräch enorm wichtig. Reagieren Sie auf Ihr Kind: Möchte es Pausen im Gespräch haben, braucht es Trost oder Auszeiten, dann sollten Sie ihm diese auch zugestehen.
- Bei einer Überforderung des Kindes empfehlen sich nicht nur Pausen, sondern auch der Rückgriff auf die Hilfe vertrauter Personen, die dem Kind in dieser Situation Halt und Sicherheit geben und deutlich machen, dass die schönen Zeiten nicht vorbei sind.
- Seien Sie klar in Ihren Formulierungen. Kinder wollen und brauchen klare Formulierungen und Informationen darüber, was in der nächsten Zeit passieren wird.
- Führen Sie ein solches Gespräch mit dem Kind erst, wenn Sie sich absolut sicher sind, dass eine Trennung bevorsteht. Alle vorherigen Streit- und Diskussionsphasen sollten ohne die Kinder erfolgen und an Or-

ten, an denen die Kinder nichts mitbekommen. Auf diese Weise verunsichern Sie Ihr Kind nicht zusätzlich.

- Sofern Sie bei dem Trennungsgespräch schon wissen, welches Betreuungsmodell Sie favorisieren, berichten Sie Ihrem Kind davon und seien Sie konkret: Was bedeutet das für das Kind und jeden Elternteil? Auf diese Weise bekommen Sie sofort das mögliche Unbehagen Ihres Kindes mit, können darauf reagieren und gemeinsam Kompromisse diskutieren.
- Schlagen Sie ein Betreuungsmodell vor und setzen Sie eine Ausprobierphase an. Auf diese Weise nehmen Sie Ihrem Kind die Angst vor der Endgültigkeit und dem möglichen Verlust eines Elternteils. Versetzen Sie sich in die Lage Ihres Kindes: Nur weil Sie Ihre Paarbeziehung beenden, bedeutet dies nicht, dass das Kind einen Konflikt mit einem Elternteil hat. Ganz im Gegenteil: Das Kind möchte beide Elternteile behalten, und diese Sicherheit müssen Sie ihm geben!
- Kommunizieren Sie deutlich, dass Sie sich als Eltern Mühe geben wollen, weiterhin gemeinsam für das Kind da zu sein. Dies ist nicht nur für das Kind wichtig, sondern dient auch als Selbstverpflichtung: Was Sie Ihrem Kind versprochen haben, sollten Sie in der Folgezeit der Trennung auch einhalten und sich hier immer wieder selbst ermahnen!
- Achten Sie trotz aller Streitigkeiten und unterschiedlicher Gefühlslagen darauf, sich gengenseitig vor dem Kind keine Vorwürfe und Schuldzuweisungen zu machen. Seien Sie ehrlich zu sich selbst: Das Ende einer Beziehung wird niemals durch eine Person begründet, auch wenn es vielleicht von einer Person ausge-

sprochen wird. Fakt ist: Die Person, die definitiv keine Schuld am Ende der Paarbeziehung trägt, ist Ihr Kind!

- Geben Sie kurze, aber ehrliche Antworten auf die Frage Ihres Kindes nach den Gründen für die Trennung. Vermeiden Sie ausschweifende Erklärungen. Diese verwirren Kinder oft mehr als sie aufzuklären. Eine Sache sollten Sie aber auf jeden Fall beide erklären: Das Kind trägt keinerlei Schuld an der Trennung! Und das muss es auch wissen!
- Sollten Sie Angst davor haben, dass Ihr Partner oder Ihre Partnerin zu emotionalen Ausbrüchen oder vielleicht sogar zu Aggressionen und Gewalt neigt, dann nehmen Sie – wie im Vorfeld beschrieben – schon bei der ersten Trennungsabsicht Hilfe durch Beratungsstellen in Anspruch. Im Beisein einer pädagogisch oder psychologisch geschulten Fachkraft können Sie dann auch das Trennungsgespräch mit dem Kind führen.

Von der Entscheidung zur Trennung und der Auseinandersetzung mit emotionalen Verletzungen und Krisen und deren Umfang mit Blick auf die Kinder gehen wir nun weiter zur Debatte um Betreuungsmodelle, die sich in Deutschland bei getrennt lebenden Eltern etabliert haben.

»Welche Betreuungsmöglichkeiten haben wir und welche passen zu uns?«

Ein vergleichender Blick auf Residenz- und Wechselmodell

Nach wie vor überwiegt bei vielen Eltern der Irrglaube, dass eine Trennung unweigerlich in das sogenannte Residenzmodell führt, das klar einen Elternteil bei der Sorge für die Kinder bevorzugt. Es gibt mittlerweile aber auch viele getrennte Eltern, die das Wechselmodell praktizieren, um gleichberechtigt am Leben ihrer Kinder teilzuhaben und sich die Alltagspflichten zu teilen. Eine Sonderform des Wechselmodells ist dabei das sogenannte Nestmodell. Während beim Wechselmodell die Kinder zwischen den Wohnungen der Eltern wechseln, verbleiben beim Nestmodell die Kinder in einem festen Haushalt und werden dort abwechselnd von den beiden Elternteilen betreut. Welche Vor- und Nachteile die einzelnen Modelle mit sich bringen, möchte ich in diesem Kapitel erläutern.

> Entscheiden sich Eltern für eine Trennung, dann sind sie nicht nur als Paar mit den emotionalen Herausforderungen einer gescheiterten Beziehung konfrontiert, sondern müssen auch Sorge dafür tragen, dass ihre Kinder dennoch bestmöglich aufwachsen können.

Diesen Leitsatz kann und will ich allen Eltern ans Herz legen. Tatsächlich habe ich ihn mir ab dem Zeitpunkt, an dem klar war, dass eine Trennung bevorsteht, in mein persönliches Notizbuch geschrieben. Egal wie aufreibend die Gespräche mit meinem Ex-Mann waren, dieser Satz hat mich immer wieder geerdet. Machtspiele haben in einer solchen Situation nichts zu suchen! Verletzte Eitelkeit führt schnell dazu, dass ein Elternteil die Kinder als Eigentum betrachtet und sie quasi als »Joker« gegen den anderen Elternteil ausspielt. Für alle Beteiligten ist dies die am wenigsten förderliche Situation. Kinder sind nicht das Eigentum ihrer Eltern, vielmehr haben wir das große Glück, auf diese heranwachsenden Menschen eine ganze Zeit lang aufpassen zu dürfen, ihren Weg zu begleiten und ihnen mit unserer Erfahrung zur Seite zu stehen. Wenn man sich dieses Leitmotiv verinnerlicht, dann wird eigentlich schnell klar: Niemand darf durch eine Trennung verloren gehen oder auf der Strecke bleiben!

Um eine ausgewogene Abwägung aller kindlichen Bedürfnisse und organisatorischen Herausforderungen zu machen, braucht es die Kenntnis beider Elternteile über die derzeit existierenden Betreuungsmodelle. Nach wie vor verblüfft es mich, wie schnell Beratungsstellen, aber auch Scheidungsanwälte davon ausgehen, dass das traditionelle Residenzmodell durchgeführt wird und die Mutter die gesamte Last der Kinderbetreuung tragen soll. Heute gibt es schließlich auch das Wechselmodell und dessen Sonderform Nestmodell, die ich Ihnen hier zunächst vorstellen werde. Eine kurze Übersicht soll Ihnen dann dabei helfen, für sich und Ihr Kind das beste Modell herauszusuchen.

Das Residenzmodell

Gesetzlich dominant ist – seit Gründung der Bundesrepublik Deutschland – das sogenannte Residenzmodell. Hier teilen sich die Eltern zwar weiterhin das Sorgerecht, die Kernbetreuung des Kindes liegt aber bei nur einem Elternteil. Je nach strengem oder erweiterten Residenzmodell sieht der andere Elternteil sein Kind vierzehntägig oder in kürzeren Abständen, ist aber verpflichtet, für das kindliche Wohlergehen Unterhaltszahlungen vorzunehmen. Die derzeit geltenden Unterhaltsregelungen, transparent einsehbar in Form der sogenannten Düsseldorfer Tabelle, sind auf dieses Residenzmodell ausgerichtet und bemessen sich nach dem Einkommen des unterhaltspflichtigen Elternteils ebenso wie nach dem Alter des jeweiligen Kindes.

Die Düsseldorfer Tabelle
Die Düsseldorfer Tabelle gibt Auskunft über die Höhe des Unterhalts, der einem Kind in Deutschland zusteht, abhängig von den Nettoeinkünften des oder der Barunterhaltspflichtigen (also des Elternteils, der unterhaltspflichtig ist). Erarbeitet wurde sie von Familienrichtern verschiedener Oberlandesgerichte zusammen mit der Unterhaltskommission des Deutschen Familientags e.V. Die Düsseldorfer Tabelle wird jährlich aktualisiert. Die Tabelle für 2022 findet sich hier:
www.olg-duesseldorf.nrw.de/infos/Duesseldorfer_Tabelle/Tabelle-2022/Duesseldorfer-Tabelle-2022.pdf
(zuletzt abgerufen am 7. März 2022).

Das Residenzmodell ist dabei klar an der traditionellen Rollenverteilung bis hinein in die 1990er-Jahre ausgerichtet: Frauen waren in der Regel nur bis zur Familiengründung vollerwerbstätig, gingen in langjährige Erziehungszeiten und waren danach allenfalls teilzeitbeschäftigt. Das Haupternährermodell sah den Vater als Familienmitglied mit Haupteinkommen, die Mutter allenfalls als Nebenverdienerin. Die Familien- und Steuerpolitik begünstigte diese Rollenzementierung über Jahrzehnte (und führt dies in Teilen des Steuerrechts bis heute fort, man denke an das Ehegattensplitting). Prägend für die Unterhaltsregelungen waren jedoch auch gesellschaftliche Normen und Wertezuschreibungen: Die Mutter-Kind-Bindung wurde als dominant erachtet, die Hauptaufgabe der Erziehung und Betreuung von Kindern bei den Müttern gesehen. Wenig verwunderlich wurde den Müttern bei Scheidungen dementsprechend auch die Sorge für die Kinder zugesprochen, der Vater übernahm weiterhin die finanzielle Absicherung der Familie und verfügte über ein geregeltes Umgangsrecht.

Diese juristische Unterscheidung zwischen Sorge und Umgang erweist sich in den letzten Jahren als zunehmend umstritten. So wurde bereits auf dem 72. Deutschen Jugendtag im Jahr 2018 eine offene Diskussion über ein modernes Kindschaftsrecht gefordert, da zunehmend beide Elternteile am Leben ihrer Kinder aktiv teilhaben wollen.[19] Durch eine Novellierung des Unterhaltsrechts im Jahr 2008 sind Frauen seither mehr als früher finanziell eigenverantwortlich. Die Eigenverantwortung und damit Verpflichtung von Frauen zur Aufnahme einer Erwerbstätigkeit nach Trennung und Scheidung wurde gesetzlich fixiert (§ 1569 BGB). Verändert hat sich damit der finanzielle Aufwand des unterhaltspflichtigen Ehepartners, da dieser nur noch für das Kind oder die Kinder unterhaltspflichtig ist, aber nicht mehr für den Lebensunterhalt der Mutter aufkommen muss.

Vor- und Nachteile des Residenzmodells

Ein Grund, sich für das Residenzmodell zu entscheiden, kann sicherlich darin begründet sein, dass das Kind von klein auf eine ungleiche Beziehung oder Bindung zu den Elternteilen entwickelt hat. Wenn ein Elternteil schon vor der Trennung sehr viel mehr Zeit mit dem Kind verbracht hat und dessen zentrale Bezugsperson ist, dann sollte dies meiner Ansicht nach auch in der ersten Trennungsphase erhalten bleiben. Dies gilt insbesondere dann, wenn das betroffene Kind vielleicht noch im Kleinkindalter ist. Die Trennung bedeutet fürs Kind eine herausfordernde Situation, dementsprechend braucht es auf jeden Fall den sehr vertrauten Elternteil in seiner Nähe. Daher sollte man überlegen, ob man einem solchen Kind nicht erst einmal die Möglichkeit gibt, relativ unberührt von der Trennung der Eltern in seinem Rhythmus weiterzuleben. In unserer Studie erzählte eine Mutter, die in einem gerichtlich angeordneten Wechselmodell auf Betreiben des Vaters lebt, von folgender Situation:

> *»Mein Kleiner ist jetzt zweieinhalb Jahre alt. Vor einem halben Jahr hat das Gericht entschieden, dass wir das Wechselmodell praktizieren sollen, da der Vater sich über eine Entfremdung beschwert hat. Nun muss ich sagen, dass wir uns getrennt haben, als mein Sohn elf Monate alt war, die Trennung verlief auch einvernehmlich. Zwischen uns hat es im Alltag nicht geklappt. Das lag auch daran, dass der Vater eigentlich nie zu Hause war. Arbeit war wichtig, Sport war wichtig, Freunde treffen war wichtig. Ich hab den Kleinen eigentlich allein versorgt. Für mich war klar, dass es nach der Trennung dann auch so bleibt. Also auf jeden Fall, dass der Vater den Kleinen am Wochenende hat und wegen mir auch jedes Wochenende. Das wollte er aber nicht. Sondern er wollte einen Wechsel mitten in der Woche*

und jedes zweite Wochenende und war dann damit auch irgendwann erfolgreich vor Gericht.
Nun also müssen wir das so machen und was kommt dabei raus? Er ist völlig überfordert, ruft abends an, sagt, dass der Kleine weint und sich kaum beruhigen lässt und fragt, was er machen soll. Oder aber ich sage, wir müssen ihm jetzt langsam den Schnuller abgewöhnen, und er macht das natürlich nicht, weil der Schnuller das Einzige ist, was den Kleinen trösten kann, wenn er bei seinem Vater ist. Wir haben also keine einheitliche Erziehung und wenn ich ihm oder auch vor Gericht sage, dass es doch so nicht gehen kann, dann höre ich nur, dass ist ein Gewöhnungseffekt und das wird sich geben. Aber was macht das mit dem Kind?« (Mutter, lebt seit einem halben Jahr im Wechselmodell, hat zuvor ein Jahr das Residenzmodell praktiziert)

Tatsächlich stimmt ein solches Beispiel sehr nachdenklich. Die Frage der Mutter nach dem Wohlbefinden des Kindes wie auch der Bindung zu Mutter und Vater halte ich für berechtigt. Es gibt durchaus kleine Kinder, die mit dem Wechselmodell sehr gut zurechtkommen, auch solche Beispiele gibt es vielfach in meinen eigenen Studien. Diese kleinen Kinder haben jedoch eines gemeinsam: Sie hatten Mutter und Vater als verlässliche Bezugspersonen von Geburt an um sich und konnten zu beiden enge Beziehungen aufbauen. Im oben genannten Beispiel scheint dies ab dem Zeitpunkt der Geburt des Kindes nicht der Fall gewesen zu sein. Was mich besonders bestürzt, sind die »Hauruck-Verfahren«, die von manchen Familiengerichten teilweise angeordnet werden. Über die Kinder wird verfügt, als wären sie Gegenstände.

In einigen Situationen lässt sich ein Residenzmodell nicht vermeiden. Dies ist beispielsweise der Fall, wenn die Elternteile weit entfernt voneinander leben. Manchmal führen berufliche Neuanfänge zu einer großen Entfernung, manche Elternteile treffen aber auch bewusst die Entscheidung, örtlich mit dem alten Lebensabschnitt zu brechen und sich an einem neuen Ort ein neues Leben aufzubauen. Diese Entscheidung ist durchaus legitim, allerdings sollte man sich frühzeitig bewusst machen, welche Konsequenzen dies für die eigene Beziehung zum Kind und auch für das Kind selbst hat. Gerade Kinder und Jugendliche wünschen sich, dass die getrennten Elternteile trotzdem möglichst nahe beieinander wohnen, damit sie ihr gewohntes Umfeld, die Heimatstadt oder den Stadtbezirk mit den vertrauten Gebäuden und vor allem mit den dort wohnenden Freund:innen nicht verlassen müssen. Sollte dies nicht möglich sein, dann würde ich auf Basis meiner Forschung davon abraten, die Kinder trotz großer Entfernungen zu einem permanenten Pendeln zu zwingen. Vielmehr ist auch hier Fingerspitzengefühl gefragt. Gemeinsame Eltern-Kind-Zeiten am Stück sind beispielsweise durch verlängerte Wochenenden oder auch in den Ferien möglich und werden von den Kindern als weniger belastend eingeschätzt als häufigere Wechsel.

Ein grundsätzlicher Nachteil besteht aus meiner Sicht darin, dass das Residenzmodell – sowohl in seiner klassischen als auch der erweiterten Form – eine ausgewogene Beteiligung beider Elternteile an der Betreuung und Erziehung der Kinder nicht vorsieht. Es ist also kein Modell, das eine gemeinsame Elternschaft nach der Trennung befördert. Stattdessen werden nach wie vor in erster Linie Frauen in die Rolle der alleinerziehenden Mutter gedrängt. Die Sorge um den eigenen Unterhalt wird für diese Mütter dadurch erschwert, dass sie die Hauptlast der Sorge- und Erziehungsarbeit tragen und oftmals nur Teilzeitbeschäftigungen eingehen können. Ein Großteil der alleinerziehenden Mütter läuft durch geringe Einkommen Gefahr, später einmal in Altersarmut zu landen[20], ebenso steigt die Gefahr der physischen und psychischen Entkräftung, insbesondere in Krisenzeiten wie der Coronapandemie.[21] Die Ungleichverteilung durch das nach wie vor dominante Residenzmodell führt folglich zu einer Zunahme sozialer Ungleichheit, die sich einerseits durch die Entscheidung für Kinder, andererseits durch das Fehlen eines zweiten Einkommens ergibt und nach wie vor stark mit Gender Inequality verbunden ist. Diese Gründe sollten bei der Diskussion um alternative Modelle der Elternschaft nach der Trennung nicht außer Acht gelassen werden.

Hinzu kommen Fragen, die sich mit Blick auf die Eltern-Kind-Bindung ergeben. Wie bereits erwähnt, wurde das Residenzmodell unter einer völlig anderen Rollenwahrnehmung von Müttern und Vätern initiiert. Damit einher gingen auch Bindungstheorien, welche die Mutter-Kind-Bindung als wichtiger erachteten als die Beziehung zwischen Vater und Kind. Tatsächlich hat dies erst einmal nichts mit Verschwörungstheorien oder Lobbyismus zu tun, sondern wurde von angesehenen Wissenschaftlern einer Generation postuliert, die – auch auf internationaler Ebene – mit dem Bild der Mutter als Familienfürsorgender und des Vaters als Haupternährer aufgewachsen war. Folgerichtig konzentrierten sich die Bindungstheorien bis weit in die 1980er-Jahre hinein in erster Linie auf die Beziehung zwischen Mutter und Kind. Die Rolle des Vaters wurde hingegen meist nur mit Blick auf den Ablöseprozess des Kindes von der Mutter reduziert und dies zumeist stark orientiert an der Identitätsfindung von Jungen. Der Vater als männliches Vorbild wurde als wegweisend zur Entwicklung der eigenen Männlichkeit erachtet. Nun muss man aber eines berücksichtigen: Theorien werden immer in Abhängigkeit von gesellschaftlichen Entwicklungen, Normen und Wertesystemen entwickelt. Deshalb dürfen sie auch nie als in Stein gemeißelt angesehen werden, sondern müssen stets unter Berücksichtigung neuer gesellschaftlicher Entwicklungen überprüft werden. Inzwischen weiß man, dass der Vater eine ebenso wichtige Rolle beim Aufwachsen von Kindern spielt wie die Mutter und ihr mit Blick auf die Fürsorglichkeit in nichts nachstehen muss.

Kein Betreuungsmodell gilt ewig – Übergangsphasen als Schlüssel zur gemeinsamen Elternschaft

Während wir beispielsweise längst erkannt haben, dass es langsame Eingewöhnungsphasen für die Kita oder Krippe geben muss, gehen manche Familienrichter:innen davon aus, dass sich die Kinder ohne Weiteres von heute auf morgen in einem neuen Modell zu Hause zurechtfinden. Dem ist tatsächlich aber nicht so. Viel zu selten gibt es Übergangsphasen, die entweder von den Eltern gemeinsam abgesprochen werden oder unter Zuhilfenahme von Experten und Beratungsstellen ausgearbeitet werden. Im Beispiel zu Beginn des Kapitels kann die Intention des Vaters dabei eine durchaus positive sein: Mit dem Realisieren der Trennung hat er vielleicht erkannt, wie wenig er sich bisher um sein Kind gekümmert hat, und möchte diese Lücke nun füllen. Im Sinne einer gemeinsamen Elternschaft nach der Trennung ist das jetzige Verhalten jedoch nicht. Förderlich für eine gemeinsame Elternschaft nach der Trennung wäre der langsame Übergang vom traditionellen Residenzmodell zu einem erweiterten Residenzmodell und dann zum Wechselmodell. Wie dieser aussehen könnte, zeigt der Vorschlag auf der folgenden Seite.

Beispiel für einen gelingenden Übergang vom Residenzmodell zum Wechselmodell

Ein Übergang vom Residenzmodell zum Wechselmodell könnte beispielsweise von den Eltern zusammen geplant werden. Ein wichtiger Zwischenschritt wäre der Schritt vom traditionellen Residenzmodell zum erweiterten Residenzmodell. Der Vater hätte mit seinem Kind eine Hälfte der Woche tagsüber verbringen und es abends wieder zur Mutter bringen können. Über einen bestimmten Zeitraum hinweg hätte man diese Zeiten sukzessive ausweiten und schließlich einen ersten Übernachtungstag pro Woche einplanen können. Ähnlich wie wir heute eine Kita- oder Krippeneingewöhnung für unabdingbar halten, braucht es – gerade bei sehr kleinen Kindern (aber auch bei sehr sensiblen, größeren Kindern) – eine Gewöhnungsphase an neue Betreuungsmodelle. Es darf kein Gefühl des Verlassenwerdens bei den Kindern aufkommen. Wenn anfangs die Übernachtung beim Vater noch ungewohnt ist, dann freut es sich vielleicht, dass bereits am nächsten Morgen die Mutter vor der Tür steht. Wenn beide Eltern das Kind ermutigen, wie gut es mit der neuen Situation umgeht, dann wird es nach und nach seine Berührungsängste abbauen und sich auf den intensiveren Umgang mit dem Vater einlassen können.

Leider gibt es in Deutschland bisher keine staatlich finanzierte Supervision oder ein Coaching für Familien, die Betreuungsmodelle wechseln und eine gemeinsame Elternschaft nach Trennung aufbauen wollen. Familien werden hier allzu oft allein gelassen und sind letztlich damit überfordert, gemeinsam einen gelingenden Übergang zur gemeinsamen Elternschaft nach der Trennung zu etablieren. Das Jugendamt bietet zwar eine Beratung und Begleitung von hochstrittigen Elternpaaren an, diese wird aber zumeist vom Familiengericht angeordnet und ist dementsprechend bei vielen Eltern wenig beliebt. Erziehungsberatungsstellen in Deutschland helfen ebenfalls bei der Konfliktbewältigung, oftmals sind Termine aber schwer und wenig zeitnah zu bekommen. Auch erfolgen diese Beratungen manchmal nur in der ersten Trennungsphase, eine wirkliche Begleitung von Trennungsfamilien ist in Deutschland bisher gesetzlich nicht etabliert. Aus meiner Sicht könnte ein solcher Rechtsanspruch, analog zu den frühen Hilfen, die bestehende Familien in allen möglichen Problemlagen unterstützen, dazu führen, dass Familiengerichte deutlich entlastet würden, weil Konflikte zwischen den Eltern auf einer anderen Ebene geklärt werden und es vielleicht gar nicht mehr nötig wird, vor Gericht ein Betreuungsmodell zu erstreiten. Denn eines ist auch klar: Gerichtliche Auseinandersetzungen führen dazu, dass das Vertrauen der Elternteile ineinander schwindet und man danach kaum noch eine vernünftige Kommunikationsbasis findet, die eine gemeinsame Elternschaft ermöglicht. Von allen Elternteilen in meiner Forschung wird die Auseinandersetzung vor Gericht als einschneidendes, manchmal fast schon traumatisierendes Erlebnis geschildert.

Manche Eltern denken auch, sie müssten das Betreuungsmodell von einem Gericht anordnen lassen. Das ist aber ganz klar nicht der Fall. Letztlich wissen Sie als Eltern doch am besten, was ihrem Kind guttun könnte, oder nicht? Nutzen Sie diese Fähigkeit gezielt und stellen Sie sich gemeinsam die Frage, welche Form der Betreuung zu Ihrer Lebenssituation passt und den Bedürfnissen Ihres Kindes entspricht. Gerade wenn Geschwisterkinder von der Trennung betroffen sind, kann es vorkommen, dass man unterschiedliche Modelle, abhängig vom Alter des jeweiligen Kindes, der Beziehung zu den Elternteilen, spezifischer Förderbedürfnisse oder der Schulsituation finden muss. Letzteres thematisiere ich vor allem deshalb, weil wir in unseren Forschungsinterviews immer wieder gehört haben, dass Geschwisterkinder unterschiedlich gut mit der Trennung der Eltern zurechtkommen und durchaus auch unterschiedliche Ansprüche an ein Betreuungsmodell haben. Umso enttäuschter sind die Geschwister dann, wenn auf ihre individuellen Gefühlslagen keine Rücksicht genommen wird.

Die wichtigsten Aspekte des Residenzmodells

- Beim Residenzmodell hat das Kind einen festen Lebensmittelpunkt bei einem Elternteil und sieht den anderen Elternteil meist in zweiwöchentlichen Abständen und einer festgelegten Anzahl von Ferientagen (normales Residenzmodell) oder zu weiteren, zwischen den Eltern vereinbarten Terminen (erweitertes Residenzmodell).
- Entgegen vieler Annahmen bedeutet das Residenzmodell nicht automatisch den Übergang vom gemeinsamen Sorgerecht der Eltern zu einem alleinigen Sorgerecht eines Elternteils. Auch beim Residenzmodell obliegt den getrennten Eltern, so lange es keine begründeten Argumente dagegen gibt, das gemeinsame Sorgerecht.

- Alltagsentscheidungen werden in der Regel von dem Elternteil getroffen, bei dem das Kind schwerpunktmäßig lebt.
- Generell ist dennoch wichtig: In beiden Haushalten muss es kindgerechte Räumlichkeiten geben, ebenso eine Abdeckung der kindlichen Bedürfnisse (zum Beispiel Kleidung und Spielzeug).
- Derjenige Elternteil, bei dem das Kind nicht schwerpunktmäßig lebt, ist unterhaltspflichtig gegenüber dem anderen Elternteil. Unterhalt wird dabei für das Kind bezahlt, immer in Abhängigkeit vom Lebensalter und geregelt nach der Düsseldorfer Tabelle.
- Im Residenzmodell ist derjenige Elternteil, bei dem das Kind schwerpunktmäßig lebt, dazu angehalten, das Umgangsrecht des Kindes mit wichtigen Bezugspersonen (zum Beispiel Großeltern) zu wahren und diesem auch nachzukommen.

Nichtsdestotrotz haben internationale Studien in den vergangenen Jahren darauf hingewiesen, dass Kinder, die in Nachtrennungsmodellen groß werden, in denen sie keinen gleichberechtigten Zugang zu beiden Elternteilen haben, mehr Stolpersteine im Laufe ihres Sozialisationsprozesses hinnehmen müssen als Kinder aus sogenannten intakten Familien oder aus Nachtrennungsmodellen mit regelmäßigem und engem Kontakt zu beiden Elternteilen.[22] Das Residenzmodell schneidet also mit Blick auf das unbeschwerte Aufwachsen der Kinder (immer vor dem Hintergrund, dass beide Elternteile diesem unbeschwerten Aufwachsen zuträglich sind) schlechter ab als Modelle der gemeinsamen Elternschaft nach der Trennung, zumindest wenn es in einer sehr eingeschränkten Form praktiziert wird. Erweiterte Residenzmodelle scheinen hier ein guter Kompromiss zu sein, auch hier sehe ich durchaus die Möglichkeit, einen Grundstock für die gemeinsame Elternschaft nach der Trennung zu legen. Als Modelle einer gleichberechtigten Elternschaft nach der Trennung, mit Blick auf die Verteilung elterlicher Sorgearbeit, haben sich in Deutschland das Wechselmodell und das Nestmodell etabliert. Beide möchte ich Ihnen jetzt vorstellen.

Das Wechselmodell

Das Wechselmodell gehört in Deutschland zu den Betreuungsmodellen, die als Alternative zum traditionellen Residenzmodell diskutiert werden. Während das Wechselmodell in anderen Ländern als zu präferierendes Modell nach der Trennung von Eltern bereits rechtlich abgesichert wurde, konnte sich Deutschland bislang dazu nicht durchringen. Hierzulande ist die Debatte über eine Abkehr vom traditionellen Residenzmodell hin zu einem Modell, das beide Eltern gleichberechtigt in das Alltagsleben der Kinder einbezieht, noch weit entfernt von einer gesetzlichen Verankerung. Die gegenwärtige Diskussionskultur kann als sehr emotional und von Lobbyinteressen der sich gegenüberstehenden Mütter- und Väterverbände geprägt beschrieben werden. Der politische Wille zur Debatte um alternative Betreuungsformen und deren gesetzliche Verankerung ist in Deutschland, im Vergleich zu anderen Ländern, schwach ausgeprägt. Dies liegt vielleicht auch daran, dass bisher bundesweit gültige Daten und Auswertungen durch Längsschnittstudien zum Wechselmodell fehlen. Die vom Bundesfamilienministerium in Auftrag gegebenen sogenannte PETRA-Studie wurde bisher beispielsweise nicht veröffentlicht. Objektive Meinungsbilder können jedoch nur auf Basis empirischer Erhebungen und wissenschaftlicher Begleitforschung geschaffen werden.

Was aber macht das Modell aus? Beim Wechselmodell wohnt das Kind bei beiden Elternteilen, es wechselt in einem festgesetzten, gleichberechtigten Turnus das Zuhause. Ein Wechselmodell liegt also immer dort vor, wo beide Elternteile gleichberechtigt am Alltagsleben ihrer Kinder partizipieren und die Vereinbarkeitslogiken von familiärer Sorgearbeit und Erwerbsarbeit aufgeteilt werden. Aus diesem Verständnis heraus wäre ein wirkliches Wechselmodell nicht gegeben, wenn ein Elternteil beispielsweise von Montag bis Freitag, der andere Elternteil von Freitag bis Montag für die Betreuung des Kindes zuständig wäre. Da Wochenenden in der Regel als freie Zeiten gelten, müssen hier weniger organisatorische Dinge bewältigt werden, da die Tagesabläufe frei von Schule, Hausaufgaben, außerschulischen Aktivitäten oder Erwerbsarbeit sind. Es fände sich hier folglich eine ungleiche Lastenverteilung. Die Intention des Wechselmodells ist es aber, alle Pflichten und natürlich auch Freuden des Familienlebens gleichberechtigt aufzuteilen. Für die Kinder bedeutet dies in der Regel, dass sie zwei Zuhause haben. Eigene Zimmer oder zumindest Rückzugsmöglichkeiten, Möbel, Kleidung, Spielzeug, Schulbedarf und so weiter müssen in jedem Haushalt für das Kind vorhanden sein.

Einige Familien entscheiden sich auch für das sogenannte Nestmodell – einer besonderen Form des Wechselmodells. Hier verbleiben die Kinder in der gemeinsamen elterlichen Wohnung, haben also nur ein Zuhause, während die Elternteile abwechselnd bei ihnen sind und sich zusätzlich eigene Wohnungen suchen. Gerade in Deutschland ist dies mit Blick auf Hausfinanzierungen, abzuzahlende Kreditsummen, Mietpreise und angespannte Mietmärkte in vielen Städten aber keine Alternative, die für viele Eltern umsetzbar ist. Dementsprechend ist das Nestmodell hierzulande noch sehr viel weniger verbreitet als in anderen Ländern.

Beim klassischen Wechselmodell erfolgt der Wechsel zwischen den Elternteilen zumeist in einem wöchentlichen oder zweiwöchentlichen Rhythmus, nationale wie internationale Studien verweisen aber auch auf monatliche Wechsel oder Wechsel unterhalb der Woche, je nach Absprachen zwischen den Eltern.[23] Diese sind in erster Linie abhängig von den Wohnorten der Elternteile sowie deren beruflicher Verpflichtungen wie auch den Wünschen der Kinder. Auch das Alter der Kinder kann den Wechselrhythmus beeinflussen.

Darüber hinaus gibt es bisher wenig gesetzliche Regelungen. Dies macht das Wechselmodell immer dann herausfordernd, wenn nicht beide Elternteile mit dieser Betreuungsform einverstanden sind. Tatsächlich scheint es mir, als sei die emotionale Debatte um das Wechselmodell dadurch aufgeheizt worden, dass es seit 2017 auch gegen den Willen eines Elternteils gerichtlich angeordnet werden kann.[24] Für mich bleibt es fraglich, ob die Durchführung eines Modells der gemeinsamen Elternschaft, das so voraussetzungsvoll ist, zur konfliktfreien Entwicklung und Entfaltung der Kinder wie auch zum Aufbau eines neuen Lebens der Eltern beitragen kann, wenn sich ein Elternteil damit nicht wohlfühlt. Die Ergebnisse vieler Studien, auch meiner eigenen, zeigen vielmehr, dass von dem Elternteil, der mit dem Modell nicht einverstanden ist, alles versucht wird, um eine Neuregelung herbeizuführen und das angeordnete Wechselmodell irgendwie zu sabotieren. Dabei werden oftmals die Kinder zum Spielball der unterschiedlichen Elterninteressen. Beispielsweise wird argumentiert, dass die Kinder eine Wesensveränderung zeigten und man mehrere Tage bräuchte, um sie wieder bei sich einzugewöhnen. In tieferen Interviews konnten wir aber herausfinden, dass das eigene Unbehagen des Elternteils, der das Wechselmodell nur aufgrund der gerichtlichen Anordnung praktiziert, zu einer Ablehnungshaltung führt, die nach und nach auf das Kind übertragen wird. Kindliches Verhalten wird in diesem Zusammenhang also bewusst überinterpretiert oder aufgrund der unterschwelligen Ablehnung des Modells auch missinterpretiert. Auch hier bin ich der Meinung, dass eine kontinuierliche Begleitung von Wechselmodellfamilien einer gerichtlichen Anordnung vorzuziehen ist. Entsprechende Beratungs- und Begleitungsprojekte könnten die Zahl der gerichtlich angeordneten Wechselmodellentscheidung deutlich zugunsten der freien Entscheidung beider Elternteile für das Wechselmodell herabsetzen. Wäre die Möglichkeit gegeben, sich beraten zu lassen und dieses Unbehagen mit neutralen Personen zu besprechen, wäre die Chance, zu einem einvernehmlichen und funktionierenden Wechselmodell zu kommen, sicherlich sehr viel höher. Aufgrund der fehlenden Betreuung kommt es hingegen sehr oft zu Abbrüchen.

Permanente Abschiede und ständiges Neueinleben?

Eine Vielfalt aussagekräftiger, internationaler Studien wurde in den letzten Jahren zum Wechselmodell durchgeführt, auch an ihnen lässt sich sehen, wie polarisierend das Thema ist. Befürworter:innen des Wechselmodells sehen in der Konstanz des Kontakts zu beiden Elternteilen einen wichtigen Meilenstein in der Sozialisation eines Kindes. Die Vermittlung wichtiger gesellschaftlicher Normen und Werte erfolgt aus Perspektive beider Elternteile. Ebenso lernen die Kinder, dass die Trennung der Eltern nicht sie betrifft, dass also beide Elternteile weiterhin verlässlich im Leben des Kindes Platz haben. Für den Aufbau eigener Beziehungen wird dies von Psychologen als äußerst wichtig erachtet. Kritiker:innen des Wechselmodells weisen hingegen auf die wiederkehrenden Abschiede sowie die Notwendigkeit hin, dass sich das Kind in zwei unterschiedlichen Wohnkonstellationen einleben muss, also bereits im frühen Lebensalter mit einer sehr hohen und permanenten Anpassungsleistung konfrontiert wird.

Ich würde dazu gern eine kurze Rechnung aufzeigen, die ich mir selbst aufgemacht habe, als ich über ein gutes Betreuungsmodell für meine Kinder nachgedacht habe – immer unter der Prämisse, dass wir ein solches Modell als Eltern sowohl emotional als auch organisatorisch tragen können. Aufgeführt habe ich dabei alle Modelle, wobei wir in unseren Diskussionen zwei Modelle von vornherein für uns ausschlossen: das traditionelle Residenzmodell sowie das Nestmodell. Das klassische Residenzmodell hätten unsere Kinder nicht ertragen, das Nestmodell mit einer fehlenden räumlichen Distanz und Veränderung für uns hätten wir nicht ertragen, wie ich in der Tabelle auf der nachfolgenden Doppelseite noch zeige. Dementsprechend bin ich bei den Überlegungen zum Residenzmodell von einem wöchentlichen Turnus wie auch einem erweiterten Residenzmodell ausgegangen. Ebenso habe ich mir das Wechselmodell mit wöchentlichem Wechsel angesehen. Angelegt habe ich einen Plan, in dem ich die Wechsel und Herausforderungen sowohl für die Kinder als auch für uns Eltern eingetragen habe. Die Erstellung eines solchen Plans – mit den eigenen Vor- und Nachteilen – kann ich nur empfehlen. Gerade in Trennungssituationen, in denen die Gedanken rastlos sind und permanent um die bestmögliche Lösung kreisen, kann ein solcher Plan die Entscheidungsfindung sehr unterstützen.

Heraus-forderungen	Klassisches Residenzmodell	Wöchentliches Residenzmodell
Wechselzeiten	**Jedes 2. Wochenende**: Die Kinder wechseln von Freitagnachmittag bis Sonntagabend zum anderen Elternteil.	**Wöchentlich:** Ein Elternteil hat die Kinder von Freitagnachmittag bis Sonntagabend, der andere Elternteil übernimmt Sonntagabend bis Freitagfrüh.
Summe der monatlichen Wechsel	**4** An zwei Freitagen im Monat würde die Übergabe erfolgen, ebenso auch an zwei Sonntagen.	**8** An vier Freitagen im Monat würde eine Übergabe erfolgen, ebenso auch an vier Sonntagen.
Emotionale Heraus-forderung für die Kinder	Zwei Wochen sind eine lange Zeit, für unsere Kinder ist das undenkbar. Die emotionale Belastung wäre viel zu hoch!	Der Alltag mit beiden Elternteilen geht verloren, die Kinder haben nur zwei Tage bei einem Elternteil, können sich emotional hier schwer einfinden und in dessen Wohnung wohlfühlen.
Emotionale Heraus-forderung für die Eltern	Keiner von uns möchte die Kinder nur alle zwei Wochen sehen, dafür sind wir nicht Eltern geworden! Wir werden auch weiterhin in der gleichen Stadt leben, ein Modell gemeinsamer Elternschaft ist deshalb gut machbar.	Ein Elternteil wird zum »Wochenendelternteil«, ein Alltagserleben ist nicht möglich; in den zwei Tagen pro Woche könnte ein Hotel- bzw. Urlaubsszenario entstehen, das für die Alltagsgestaltung der Kinder nicht förderlich ist.
Organisatorische Heraus-forderung für die Eltern	Alle zwei Wochen müsste der Elternteil zur Verfügung stehen, das Jahr muss komplett geplant werden. Wir sind keine Menschen, die lange Planungen machen wollen, unser Leben ist spontan.	Ein Elternteil »muss« seine Wochenenden nur noch mit Kindern planen, der andere Elternteil ohne, ein Elternteil trägt die Hauptlast der Erziehungsarbeit: fernab jeder Lebenswirklichkeit.

Erweitertes Residenzmodell	Wechselmodell	Nestmodell
Wöchentlich +1 Wochentag: Zusätzlich zu den Wochenenden hätte ein Elternteil auch noch einen Wochentag (nachmittags bis abends, da Schule bzw. Kindergarten).	**1 Woche bei Mama, 1 Woche bei Papa oder Wechsel unter der Woche:** Hier wollen wir uns nicht festlegen. Vereinbart wird, dass ein 50:50 Wechselmodell durchgeführt wird. Ob ein wöchentlicher Wechsel durchgeführt wird oder früher gewechselt wird, machen wir von den Reaktionen der Kinder abhängig.	**1 Woche bei Mama, 1 Woche bei Papa oder Wechsel unter der Woche:** Wir haben ein gemeinsames Haus, das man als Nest hernehmen könnte. Die Kinder sind in diesem Haus aufgewachsen. Allerdings würde der Vater das Haus ohnehin behalten wollen.
12 Wir gehen von 4 Tagen im Monat zusätzlich zu den Übergaben an den Wochenenden aus.	**4** Das Wechselmodell mit seinem wöchentlichen Übergaberhythmus beinhaltet vier Übergaben, reduziert also die Abschiede ganz erheblich.	**4** Die Wechsel bleiben gleich, allerdings wechseln nicht die Kinder, sondern die Eltern. Die Kinder verbleiben im gemeinsamen Haushalt.
Eine Alternative für unsere beiden Kinder; man sieht den Elternteil, der nicht mit den Kindern zusammenlebt, an einem zusätzlichen Tag; der Tag unter der Woche ist allerdings sehr kurz, denn berücksichtigt man Hausaufgaben oder Freizeitaktivitäten der Kinder, bleibt wenig Zeit.	Sie wachsen in zwei Haushalten auf, sollen sich in beiden Haushalten zu Hause fühlen, hier könnten sie vielleicht zunächst überfordert werden; vielleicht sind die Kinder mit dem Wechselrhythmus irgendwann nicht mehr einverstanden? Wir müssen hier also ein flexibles Modell etablieren, das sensibel auf die Bedürfnisse der Kinder eingeht.	Für die Kinder würde der gemeinsame Familienhaushalt erhalten bleiben, allerdings würden sie vielleicht immer das Gefühl haben, Mama und Papa könnten sich als Paar wieder versöhnen.
Der Tag muss für die Kinder reserviert sein, man hat nur wenige Stunden mit den Kindern, erlebt also wieder keinen Alltag.	Zulassen, dass die Kinder zwei Wohlfühlorte haben; damit klarkommen, dass man eine Woche lang »kinderlos« ist.	Man verbleibt im alten Kontext, kann keinen wirklichen Neuanfang starten; man muss weiterhin gemeinsame Anschaffungen tätigen; neue Partner:innen können nur schwer integriert werden.
Beruflich nicht wirklich gut organisierbar, passt auch nicht zu den Freizeitaktivitäten der Kinder.	Berufliche Umorganisation: in den Kinderwochen stehen die Bedürfnisse der Kinder an erster Stelle, in kinderlosen Wochen hat die Arbeit oberste Priorität.	Es braucht eine zusätzliche Wohnung für jeden Elternteil, die finanzielle Belastung wächst; das Leben muss um das Nestmodell herumorganisiert werden.

Mein Plan zu Wechselhäufigkeiten und Herausforderungen verschiedener Betreuungsmodelle

Das Aufzeigen des Wechselrhythmus bei den verschiedenen Varianten half mir, zu realisieren, dass die Vorbehalte gegen die angeblich häufigen Wechsel im Wechselmodell nicht haltbar sind. In Summe gibt es beim klassischen Residenzmodell und beim Wechselmodell die geringste Wechseldichte. Allerdings trennen die beiden Modelle aus meiner Sicht Welten: Beim klassischen Residenzmodell hätten wir Eltern eine Entscheidung treffen müssen, wer zukünftig Hauptelternteil wird und wer zum Wochenendelternteil degradiert wird. Für uns eine unerträgliche Vorstellung, die aufgrund der geringen Entfernung unserer Wohnungen wie auch unserer Bereitschaft, nach der Trennung gemeinsam weiterhin den Alltag unserer Kinder zu prägen, überhaupt nicht infrage kam.

Emotional noch anspruchsvoller – für alle Beteiligten – wäre für uns tatsächlich auch das erweiterte Residenzmodell gewesen. Klar hätte man hier einen Wochentag und jedes Wochenende mit den Kindern gehabt, allerdings hätte dies für einen Elternteil als Konsequenz bedeutet, Wochenenden nur noch mit den Kindern zu verbringen. Uns schien das absolut unrealistisch. Wo sollten dann Regenerationszeiten, Auszeiten mit Freunden oder neuen Partner:innen bleiben? Ebenso hätten wir unseren Kinder einen ständigen Wechsel sowie eine ständige Umgewöhnung und Eingewöhnung in zwei Haushalte – mit einer relativ kurzen Verweildauer am Wochenende – zugemutet. Der zusätzliche Tag wäre nur aus quantitativer Hinsicht, nicht aber unter qualitativen Gesichtspunkten bereichernd gewesen.

Organisatorisch schien das Wechselmodell also unserer Erwartungshaltung wie auch den Wünschen unserer Kinder am besten zu entsprechen. Allerdings diskutierten wir auch hier die

Herausforderungen. Gravierend war für uns Eltern beispielsweise der Punkt, dass wir in einem Wechselmodell lernen mussten, eine bestimmte Zeit »kinderlos« zu sein. Das mag sich für alle gestressten Eltern erst einmal paradiesisch anhören – nach Zeit für sich, Zeit für Hobbys, Zeit für Erholung. Aber ganz ehrlich: Es ist eine große Herausforderung – denn man muss erst einmal lernen, diese Zeit wieder für sich zu nutzen! Ebenso muss man akzeptieren können, dass die Kinder beim anderen Elternteil gerade Dinge erleben, an denen man keinen Anteil hat. Sie haben schöne, wie auch herausfordernde Erlebnisse und man kann nicht dabei sein.

Für viele Eltern wird die Situation dann schlimm, wenn die Kinder erkranken und sie nicht bei ihnen sind. Und auch viele Kinder wünschen sich gerade in solchen Situationen oftmals den Elternteil herbei, der gerade nicht da ist. Hier kommt es aus meiner Sicht sehr darauf an, wie die Elternteile miteinander kommunizieren können. Mein Ex-Mann und ich können das recht gut, wir können also einander mitteilen, in welchen Situationen wir uns komisch fühlen, ohne dafür vom anderen abgestraft zu werden. Gerade wenn die Kinder krank sind, versuchen wir darauf einzugehen, was sie möchten und wo sie sein möchten. Gibt es Ärger in der Schule oder mit Freunden, dann kommt der andere Elternteil einfach auch mal zu Besuch oder es gibt ein gemeinsames Abendessen, bei dem alles besprochen werden kann. Wir halten uns also nicht sklavisch an den Wechselturnus, sondern sind immer in Reichweite, wenn die Kinder das möchten.

Warum nur kultivieren wir in Deutschland den Begriff Wechselmodell?

Aus meiner Sicht wird die gemeinsame Elternschaft nach der Trennung bereits durch den in Deutschland gebräuchlichen Begriff Wechselmodell erschwert. Synonym wird oft auch der Begriff Pendelmodell verwendet, der es aber auch nicht besser macht. Im Englischen wird dieses Modell als *shared parenting* bezeichnet oder auch als *joint custody*. Anhand dieser Begrifflichkeiten sind die unterschiedlichen Intentionen bereits deutlich erkennbar: Während im englischsprachigen Raum die gemeinsame Elternschaft begrifflich verankert wird, offenbart der deutsche Begriff den negativen Aspekt des permanenten Wechsels von einem Elternhaus zum anderen. Dies wird oftmals durch die öffentliche Berichterstattung noch unterstrichen. Dokumentationen, die man eher bei Privatsendern verorten würde, werden zum Teil auch von öffentlich-rechtlichen Sendern ausgestrahlt. So betitelte die ARD Anfang des Jahres 2021 eine Berichterstattung mit »Echtes Leben. Pendelkinder« und zeigte in dominanten Aufnahmen, wie Kinder auf gepackten Taschen sitzen, lange Wegstrecken mit Koffern in Zügen oder S-Bahnen zurücklegen und immer wieder allein gelassen werden mit der Last des Wechselns. Die gemeinsame Elternschaft blieb in diesem Film, ebenso wie in manch anderen, leider nahezu unberücksichtigt.

Vom Begriff Wechselmodell sollte man sich in Deutschland aus meiner Sicht möglichst bald verabschieden. Er führt zu Stigmatisierungen und schränkt die Möglichkeit ein, über Elemente gemeinsamer Elternschaft von getrennten Eltern zu sprechen. Tatsächlich bleibt auch zu hinterfragen, welche Eltern ihre Kinder mit schweren Koffern völlig allein lassen und ob man hierfür wirklich das Modell oder nicht vielleicht die Einstellung dieser Eltern verantwortlich machen sollte. Wenn so etwas geschieht, ist ein Elternteil entweder nicht an einer gemeinsamen Elternschaft interessiert oder nicht in der Lage, sie zu leben. Man muss dann kritisch überlegen, ob dieses Modell in so einem Fall praktikabel ist oder zu einer erhöhten Belastung der Kinder führt. In der Regel werden alle Eltern, die an einer gemeinsamen Elternschaft interessiert sind, alles dafür tun, dass sich ihre Kinder nicht mit dem Transport von Dingen von einem zum anderen Elternhaus auseinandersetzen müssen. Normalerweise werden Spielzeuge, Kleidung und Alltagsgegenstände doppelt angeschafft oder nach einem festen Rhythmus ausgetauscht, damit das Kind immer mit unterschiedlichen Dingen spielen kann und nichts vermissen muss. Schulutensilien bringen meist die Eltern am Wechseltag mit und tragen auch Sorge dafür, dass alle benötigten Materialien vorhanden sind. Lediglich das Lieblingsstofftier, die Puppe oder im Falle einer Jugendlichen in unserer Wechselmodellstudie auch ein Hund, werden von den Kindern dann überallhin mitgebracht. Als Eltern achtet man spätestens nach dem ersten Vergessen akribisch darauf, dass diese Talismane auch immer mit dem Kind gemeinsam wechseln.

Einige Eltern versuchen diesen negativen Aspekt des Wechselns von Grund auf zu mindern, indem sie das Nestmodell praktizieren. Wie im Vorfeld beschrieben bleiben die Kinder hier in ihrer vertrauten Umgebung, behalten also die gewohnten Kinderzimmer und Utensilien, während die Eltern abwechselnd anwesend sind. Eine Mutter beschrieb die Überlegungen für das Nestmodell mit folgenden Worten:

> *»Wir haben den Kindern ja die Trennung eingebrockt, da sollen sie nicht zu viele Veränderungen haben. Sie sollen in ihrem Elternhaus bleiben und wir müssen uns eben anders organisieren.«* (Mutter von zwei Kindern, seit vier Jahren im Wechselmodell.)

Diese Intention wird von vielen Eltern beschrieben, die sich für das Nestmodell entscheiden. Kontinuität wird hier als Leitmotiv gesehen, ebenso soll den Kindern die Angst vor dem Verlust eines Elternteils genommen werden, die gerade bei kleinen Kindern beim räumlichen Auszug durchaus entstehen kann. Diese Eltern möchten den Kindern ebenfalls zeigen, dass sie trotz der Trennung als Paar sehr gut in der Lage sind, als Eltern weiterhin gemeinsam zu funktionieren. Durch die Fokussierung auf das Ziel der gemeinsamen Elternschaft kann das Nestmodell durchaus auch dazu beitragen, dass der Paarkonflikt in den Hintergrund rückt und man sich mehr auf das Gemeinsame als auf das Trennende besinnt. Gerade in der Anfangszeit der Trennung wird das Nestmodell von Eltern als guter Einstieg in das Wechselmodell bewertet. Allerdings sind damit erhebliche finanzielle Herausforderungen verbunden. Die Eltern müssen mindestens noch eine zweite Wohnung finanzieren, in die sich der Elternteil zurückziehen kann, der gerade keine Kinderbetreuungszeit hat. Viele getrennte Eltern möchten aber verständlicherweise ihr eigenes Reich als Rückzugsmöglichkeit, in Summe müssen also drei Wohnorte finanziert werden. Die Rückzugsmöglichkeiten werden oftmals auch nicht zu nahe am »Nest« gewählt, damit in der kinderfreien Zeit auch die Möglichkeit besteht, sich zu regenerieren, die Trennung zu verarbeiten oder auch in ein neues Leben, eventuell mit neuer Partnerschaft, zu starten.

Mit all dem ist gut zu überlegen, ob das Nestmodell nicht für die Eltern einen zu hohen emotionalen wie auch finanziellen Aufwand bedeutet und letztendlich dazu führt, dass man in der Nachtrennungsphase niemals richtig ankommt. Von den Eltern, die in meiner Forschung das Nestmodell betreiben, hält es die Mehrheit für ein gutes Anfangsmodell, artikuliert aber auch ganz pragmatische Probleme. Wie soll man es halten: weiterhin im ehemaligen Ehebett schlafen oder zwei getrennte Schlafzimmer einrichten? Dürfen die Sachen des anderen Elternteils herumliegen, auch wenn man sie eigentlich nicht mehr sehen kann? Was passiert, wenn Dinge im Haushalt kaputtgehen und man keinerlei Lust hat, sie zu ersetzen, weil man das Geld viel lieber in die eigenen vier Räume und das »Leben danach« investieren möchte?

In einer sehr interessanten Interviewstudie befragten die Kolleginnen von der Universität Tallin in Estland Sozialarbeiter:innen, die Familien im Wechsel- und Nestmodell betreuen. Die Fachkräfte kamen zu dem gleichen Fazit wie ich: Das Nestmodell ist ein kindorientiertes Betreuungsmodell, das sehr gut dazu geeignet ist, den Kindern die Verlustängste bei einer Trennung zu nehmen und sie in der ersten Trennungsphase zu stabilisieren. Weniger gut geeignet ist es aber für die Weiterentwicklung der Eltern in der Zeit »danach«, in der wieder perspektivisch gedacht wird und Pläne für das eigene Leben in den Mittelpunkt rücken. Allerdings kann das Nestmodell ab dieser Phase auch in ein normales Wechselmodell übergehen und bietet womöglich einen guten Ausgangspunkt, da die Eltern gelernt haben, auch nach der Trennung stetig zu interagieren und zu kommunizieren und die Kinder sich sicher sein können, dass es zu keinem Verlust eines Elternteils kommt. In unseren eigenen Interviews, die wir mit Jugendlichen zum Wechselmodell geführt haben, hatten nur zwei Mädchen das Nestmodell erlebt und höchst unterschiedliche Erfahrungen damit gemacht: Während ein Mädchen dieses Modell als idealen Trennungsübergang beschrieb, hätte das andere Mädchen zwei wechselnde Wohnorte vorgezogen, weil sie den Übergang zu einer gemeinsamen Familienzeit mit strikt getrennten Personenkonstellationen im Elternhaus als sehr befremdlich empfand. Auch hier empfiehlt es sich also, eine Probephase zu vereinbaren und mit allen Beteiligten über ihre Erfahrungen zu sprechen.

»Das Wechselmodell machen doch viele Väter nur, weil sie sich vor dem Unterhalt drücken wollen!«[25]

Einen wichtigen Punkt sollte man zum Thema Wechsel- und Nestmodell noch ansprechen, da hier regelmäßig Verwirrung gestiftet wird. Gern wird nämlich von Gegner:innen gemeinsamer Elternschaft nach der Trennung behauptet, dass bei diesen Modellen der Unterhaltsanspruch generell entfallen würde. Das stimmt so nicht! Wie bei allen anderen Regelungen gilt erst einmal: Die Eltern können freiwillige Einigungen treffen und freiwillig auf gegenseitige Unterhaltsansprüche verzichten. In meinem konkreten Fall habe ich das gemacht. Zum einen, weil mein Ex-Mann und ich nahezu gleich verdienen und wir beide über ausreichend Einkommen verfügen. Zum anderen aber auch, weil ich aus dem gemeinsamen Haus ausgezogen bin und mein Ex-Mann die Abzahlung des Kredites übernommen hat und mich gleichzeitig auszahlen musste. Ich wollte ihm hier also entgegenkommen. Wir haben über unsere Anwälte den wechselseitigen Verzicht auf Unterhaltsansprüche jeglicher Art festschreiben lassen. Dies ist jedoch kein Zwang, sondern unterliegt der Freiwilligkeit der Eltern.

Möchte man Unterhaltsberechnungen vornehmen lassen, dann liegt im Wechselmodell (hierzu gehört immer auch das Nestmodell) natürlich eine andere Situation vor als im Residenzmodell. Während im Residenzmodell ein Elternteil erheblich mehr Aufwendungen für die Kinder hat als der andere und wahrscheinlich auch seine Arbeitszeiten einschränken muss, will das Wechselmodell eben dies ja nicht! Beide Elternteile haben Ausgaben für das Kind und die Betreuung und beide müssen ihre Arbeitszeiten auf dieses Modell abstimmen. Insofern sind die Ex-Partner:innen im Wechselmodell erst einmal gegenseitig barunterhaltspflichtig. Die Höhe der jeweiligen Unterhaltspflicht hängt vom Einkommen der Elternteile ab, es wird quasi über Kreuz verrechnet, wer gegebenenfalls Unterhalt zu leisten hat. Der Bundesgerichtshof hat in einem Urteil im Jahr 2015 die Unterhaltsberechnung für das Wechselmodell folgendermaßen festgelegt[26]: Zuerst wird das Einkommen beider Eltern addiert. Anhand dieses Gesamteinkommens wird der Unterhalt nach der sogenannten Düsseldorfer Tabelle abgelesen. Im zweiten Schritt wird auf diesen Unterhalt ein bestimmter Betrag für Mehrkosten aufgeschlagen, die durch die gemeinsame Betreuung entstehen. Also beispielsweise für das Einrichten von Kinderzimmern in beiden Elternhaushalten oder auch Fahrtkosten, um die Kinder zum jeweils anderen Elternteil zu bringen. Hierdurch entsteht ein Betrag X. Dieser Betrag X wird im dritten Schritt auf die Eltern aufgeteilt. Hierzu zieht man vom bereinigten Nettoeinkommen den sogenannten Selbstbehalt von 1.160 Euro ab und setzt die verbleibenden Beträge in Relation zueinander. Eltern können ohne Probleme eigenständig eine solche Unterhaltsberechnung vornehmen:

Beispielrechnung einer Unterhaltsberechnung für ein achtjähriges Kind im Wechselmodell

Die Mutter verdient 1.500 Euro netto, der Vater verdient 2.000 Euro netto. Zusammen ergibt dies einen Betrag von 3.500 Euro. Gemäß Düsseldorfer Tabelle ergibt sich daraus eine Unterhaltspflicht von 542 Euro für das achtjährige Kind. Nun wird berücksichtigt, dass das Kind bei beiden Eltern ein Kinderzimmer braucht und auch Fahrtkosten entstehen, diese Summe wird mit 200 Euro angesetzt. Das Kind hat also einen Unterhaltsbedarf von 742 Euro.

Nun ermittelt man den sogenannten Einsatzwert, also das bereinigte durchschnittliche Monatseinkommen, von Vater und Mutter. Dafür zieht man den Selbstbehalt vom Nettoeinkommen ab. Der Selbstbehalt liegt bei 1.160 Euro für erwerbstätige Elternteile, bei nicht erwerbstätigen Eltern reduziert sich der Selbstbehalt auf 960 Euro (Stand 2022). Da beide Eltern erwerbstätig sind, setzen wir als Selbstbehalt folglich je 1.160 Euro an. Bei der Mutter ergibt sich ein Einsatzwert von 340 Euro, beim Vater ein Wert von 840 Euro. Zusammengerechnet ergibt sich ein Wert von 1.180 Euro. Daraus ergibt sich: Der Vater schuldet eine Quote von 840/1.180 x 742 Euro, die Mutter schuldet eine Quote von 840/1.180 x 742 Euro. Für den Vater ergibt sich demzufolge ein Betrag von 528 Euro und für die Mutter ein Betrag von 214 Euro.

Angerechnet werden muss nun noch hälftig das Kindergeld. Und zwar wird bei demjenigen, der es bezieht, die Hälfte des Kindergeldes (aktuell 219 Euro) zum geschuldeten Betrag hinzugerechnet. Bei demjenigen, der es nicht bezieht, wird es vom geschuldeten Betrag abgezogen. Bezieht also die Mutter das Kindergeld, dann erhöht sich der Anteil, den sie zum Unterhalt beisteuern muss, um 109,50 Euro auf 323,50 Euro. Beim Vater verringert sich der beizusteuernde Anteil auf 418,50 Euro.

Wir gehen nun von einem wirklichen Wechselmodell, also einer 50:50-Aufteilung aus. Jeder Elternteil betreut das Kind hälftig, es ergibt sich also ein Unterhaltsbedarf des Kindes bei jedem Elternteil von 371 Euro (742/2). Die

Mutter hat 323,50 Euro zur Verfügung, unterläuft also den Bedarf, der Vater hingegen überschreitet den Bedarf. Der Ausgleich muss folglich vom Vater auf die Mutter vorgenommen werden. Die Mutter bekäme in unserem Beispiel also vom Vater 47,50 Euro überwiesen.

Insofern trifft es also nicht zu, dass manche Väter das Wechselmodell nur deshalb wollen, weil damit die Unterhaltspflicht entfällt – eine zentrale Anschuldigung, die immer wieder von Lobbygruppen erhoben wird, die das Residenzmodell als einzig gangbares Modell anerkennen. Eine offizielle Berechnungsgrundlage ist gegeben und sobald ein Elternteil auf die Unterhaltsberechnung besteht, wird diese auch durchgeführt. Vergessen sollte man auch nicht, dass mit dem geringeren Unterhalt, den Väter hier zu zahlen haben, ja ein größerer Aufwand für die Kinderversorgung einhergeht. Die Elternteile müssen in ihren Betreuungswochen voll für die Versorgung des Kindes aufkommen und beispielsweise auch entsprechende Kleidung oder Schulutensilien vorhalten. Hier kann – anders als beim Residenzmodell – nicht darauf bestanden werden, dass alles vom unterhaltsbeziehenden Elternteil angeschafft werden muss. Ebenso ist das Wechselmodell ja mit einer hälftigen Aufteilung der Betreuungszeiten verbunden, die Sorgearbeit bleibt also nicht an einem Elternteil hängen.

Wann ist das Wechselmodell nicht geeignet?

Ein Wechselmodell zu praktizieren, bedeutet, Grenzen zu akzeptieren. Und das ist nicht immer einfach. Elternteile, die ihre Kinder schwer loslassen können und sich in der Zeit beim anderen Elternteil permanent in Erinnerung rufen, erschweren tatsächlich das Funktionieren des Modells. Denn die Kinder setzt es extrem unter Druck, wenn sie das Gefühl haben, dass sie nicht zu 100 Prozent ihre Zeit beim jeweiligen Elternteil genießen dürfen. In unseren Interviews mit Jugendlichen berichteten manche, dass der Elternteil, bei dem sie gerade nicht sind, ständig Nachrichten auf ihre Handys schickt oder während der Urlaube permanent anruft und sich in Erinnerung bringt. Dies trägt keinesfalls dazu bei, dass sich die Kinder gut aufgehoben fühlen. Vielmehr haben sie oft das Gefühl, dass sich der andere Elternteil allein fühlt oder einsam ist, und bekommen dann Schuldgefühle. Wenn die Elternteile hier nicht die Notbremse ziehen und sich selbst disziplinieren, führt dies oftmals zum Scheitern des Modells.

Meiner Erfahrung nach kann man über die immer wiederkehrenden Schattenseiten einer kinderlosen Wechselwoche mit vielen Menschen und Vertrauten sprechen, mit den eigenen Kindern sollte man dies niemals tun. Ihr unbeschwertes Aufwachsen kann nur erfolgen, wenn sie sich sicher sein dürfen, dass sie bei jedem Elternteil Spaß haben können, sich frei und unkontrolliert bewegen dürfen und sich keinerlei Sorgen um eine erwachsene Person machen müssen. Auf die Frage meiner Kinder »Mama, vermisst du uns denn?« antworte ich dementsprechend immer mit »Klar fehlt ihr mir, aber ich finde es auch toll, heute mal in Ruhe schwimmen zu gehen oder an meinem neuen Buch zu arbeiten, und dafür habe ich dann nächste Woche viel Zeit für euch.«

Ebenso kontraproduktiv ist es, wenn Eltern, die sich auf das Wechselmodell geeinigt haben, auf einem starren Turnus beharren. Ein Vater in meiner Wechselmodellstudie schildert die aktuelle Situation seiner Familie folgendermaßen:

»Die Kindsmutter und ich wohnen nicht weit auseinander, drei oder vier Straßen. Da passiert es dann natürlich schon, dass die Kinder mal an meiner Wohnung vorbeilaufen und sehen, dass ich da bin, wenn sie eigentlich bei ihr sind. Aber sie hat ihnen verboten, in so einem Fall bei mir zu klingeln und zu mir zu kommen. Sie könnten ja gern ein Glas Saft haben, wir sprechen kurz und dann gehen sie wieder zu ihr, aber sie will das nicht. Das ist ihre Woche und da habe ich keinen Platz. Umgekehrt mache ich das nicht, ich finde, das ist Folter für die Kinder. Wenn mein Sohn sagt, dass er gern schnell was bei der Mama holen möchte, dann darf er das tun, und wenn er dann eine Stunde bei ihr bleibt, dann ist das eben so. Wenn meine Tochter mir sagt, dass sie Mama gern anrufen möchte, um ihr was aus der Schule zu erzählen, dann ruft sie Mama eben an. Das gehört doch dazu. Aber mich ärgert es schon, dass wir das nicht gleichberechtigt hinbekommen und ich kapier nicht, warum sie das ablehnt.« (Vater von zwei Kindern, seit drei Jahren im Wechselmodell)

Mit der Intention des Wechselmodells, dass beide Eltern am Alltag der Kinder teilhaben können, hat dies aus meiner Sicht wenig zu tun. Tatsächlich liegen dem Beharren auf einem starren Turnus meist Kommunikationsstörungen zwischen den Elternteilen zugrunde. Nun kann es gut sein, dass sich getrennte Elternteile nicht sehen oder die Kommunikation auf das Nötigste beschränken wollen. Allerdings darf dies nicht zulasten der kindlichen Kommunikation mit beiden Elternteilen gehen. Hier besteht auch ein zentraler Unterschied meiner Erfahrungswerte zu Empfehlungen anderer Wissenschaftler:innen. Darunter sind Kolleg:innen, die ich sehr schätze und die unbestritten sehr viel geleistet haben für die Weiterentwicklung des Wechselmodells in Deutschland. Jedoch halte ich es für illusionär, ein Wechselmodell durchzuführen, wenn die Eltern hochstrittig sind und sich jeglicher persönlicher Kommunikation enthalten. Im Gegensatz zum Residenzmodell, bei dem Alltagsentscheidungen in der Regel von dem Elternteil getroffen werden, bei dem die Kinder leben, geht das Wechselmodell mit höherem Abstimmungsbedarf einher. Schul- und Freizeitaktivitäten, das Wahrnehmen von Vorsorgeuntersuchungen, Einladungen zu Kindergeburtstagen oder Partys, Anmeldung zur Konfirmation oder auch notwendige Nachhilfestunden – eigentlich sollte man alle diese Dinge miteinander absprechen, um unnötige Streitigkeiten zu vermeiden. Sicherlich ist es nicht notwendig, jeden Tag persönlich zu sprechen, vorstellbar sind durchaus auch wöchentliche oder zweiwöchentliche Abstimmungen, aber das persönliche Gespräch ist aus meiner Sicht unverzichtbar. In unseren Studien treffe ich immer wieder Elternteile, die auch im Wechselmodell lediglich per Sprachnachricht, Kurzmitteilung oder E-Mail kommunizieren. Tatsächlich wird dies oftmals auch von Trennungsexpert:innen empfohlen, um die Negativdynamik möglicher Streitspiralen auszublenden und das getrennte Paar auf die Elternebene zurückzuführen. Aber wie können Eltern, wenn sie gemeinsam für ihr Kind verantwortlich sein wollen, dauerhaft nicht miteinander sprechen? Allein die Zeitverzögerungen und der Zeitbedarf, der für eine permanente schriftliche Abstimmung erforderlich ist, sollten bei den Überlegungen zum Informationsaustausch zwischen den Eltern eine Rolle spielen.

Ich beziehe mittlerweile sehr klar Position: Sind Eltern hochstrittig oder nicht in der Lage, eine strukturierte Kommunikation über das Alltagserleben ihrer Kinder zu führen, bietet sich das Wechselmodell aus meiner Sicht nicht an. Vielmehr führt es zu einer kontinuierlichen psychischen Belastung der Eltern wie auch der Kinder und macht es allen Beteiligten schwer, nach der Trennung in einen glücklichen neuen Lebensabschnitt überzugehen.

Die wichtigsten Aspekte des Wechselmodells

- Das Wechselmodell ist in Deutschland das Modell einer gleichberechtigten, gemeinsamen Elternschaft nach der Trennung.
- Beide Elternteile nehmen Anteil an der Alltagsgestaltung des Kindes, die Erziehungs- und Sorgearbeit wird zeitlich (annähernd) gleich aufgeteilt.
- Im Wechselmodell entfällt der Unterhaltsanspruch nicht, man geht aber – aufgrund der höheren Ausgaben beider Elternteile für den Unterhalt der Kinder – von einer anderen Berechnungsgrundlage als beim Residenzmodell aus.
- Ein Wechselmodell bedeutet kein permanentes Wechseln der Kinder. Tatsächlich sind die Wechselhäufigkeiten geringer oder gleich zu den Formen des Residenzmodells.
- Eine Sonderform des Wechselmodells ist das Nestmodells. Hier verbleiben die Kinder in der Familienwohnung und werden dort abwechselnd von den Eltern versorgt. Zusätzlich braucht jeder Elternteil dann noch eine eigene Wohnung für die kinderfreie Zeit.
- Das Wechselmodell funktioniert nur, wenn die Eltern bereit sind, miteinander über die Alltagsgestaltung, Probleme und Bedürfnisse ihrer Kinder zu kommunizieren und gemeinsam an einem Strang zu ziehen.
- Gerichtlich angeordnete Wechselmodelle funktionieren oft nur für einen kurzen Zeitraum, insofern ist eine Beratung und Betreuung von Wechselmodellfamilien durch geschulte Fachkräfte unabdingbar, wenn die Eltern keine gemeinsame Linie finden können.

Die Entscheidung für ein Betreuungsmodell ist ein wichtiger Schritt, damit die Zukunft für alle Beteiligten positiv verlaufen kann. Entscheidend ist, dass man einen guten Ausgleich zwischen elterlichen und kindlichen Bedürfnissen schafft. Im Sinne einer gemeinsamen Elternschaft nach der Trennung sollte man tatsächlich alle Themen rund um die Organisation des Alltags, berufliche Entwicklungen, schulische Herausforderungen und außerschulische Aktivitäten der Kinder in die Gespräche zur Entscheidungsfindung einbeziehen. Ein zentrales Argument, das gerade Mütter im Hinterkopf behalten sollten, ist auch die eigene finanzielle Absicherung. Warum dies gerade für Mütter wichtig ist, möchte ich im folgenden Kapitel erläutern.

»Weiblich, alleinerziehend, arm.«

Wie Residenzmodell und (Alters-)Armut zusammenhängen

Auch wenn sich dieses Kapitel zentral mit der finanziellen Situation von Müttern nach einer Trennung beschäftigt, sollen sich Väter hier nicht ausgeschlossen fühlen. Letztlich fragen sich viele Väter immer wieder, warum die Mütter ihrer Kinder auf den Vorschlag zur Erprobung eines Wechselmodells nicht eingehen. Tatsächlich können sicherlich Paarprobleme ein Grund sein. Oftmals ist es aber ein sehr viel pragmatischerer Grund: Nach wie vor schrauben viele Mütter mit der Geburt des Kindes ihre Karriereerwartungen zurück, gehen in Teilzeit oder arbeiten nebenbei lediglich in Minijobs. Dementsprechend ist die Versorgungssituation bei den Frauen bei einer Trennung oftmals ein größeres Dilemma als bei den Männern und viele Frauen glauben, sie wären mit einem Wechselmodell schlechter dran. Der Gender-Pay-Gap – also die Lücke zwischen den Einkommen der Geschlechter –, den man durch eine Eheschließung mit Blick auf die ökonomische Absicherung beider Partner:innen abmildern kann, wird bei einer Trennung virulent. Insbesondere auch deshalb, weil die Novellierung des Unterhaltsrechts Mütter heute in eine ganz andere Verantwortung nimmt als noch vor zwanzig Jahren. Die Angst vieler Frauen, nach einer Trennung in eine ökonomische Schieflage zu geraten, ist nicht unbegründet, wie die folgenden Ausführungen zeigen werden. Allerdings werden sie auch noch etwas anderes zeigen: Gerade das Residenzmodell erhöht bei vielen Müttern die Gefahr, in der Altersarmut zu landen. Denn: Viele Mütter im Residenzmodell arbeiten aufgrund der hohen Sorgearbeitslast ausschließlich in Teilzeit und erwerben so sehr viel geringere Rentenanteile als Väter. Insbesondere wenn mehrere Kinder versorgt werden müssen, ist eine Vollerwerbstätigkeit für Mütter oftmals nicht realisierbar.

> *»Von Montag bis Freitag geht es eigentlich immer so: 6.00 Uhr aufstehen, schnell fertig machen, Frühstückstisch decken, Kinder wecken, sie ermahnen, dass es schnell gehen muss. Kinder in die Kita bringen bis pünktlich um 7.30 Uhr, denn um 8.00 Uhr muss ich anfangen zu arbeiten, damit ich dann auch um 14.00 Uhr wieder gehen kann. Dann hetze ich zum Einkaufen. Ich arbeite nur halbtags, anders geht es nicht, die Kinder wollen nachmittags ja gern zum Sport oder sich mit Freunden treffen oder wir müssen zum Arzt. Also um 15.00 Uhr hole ich sie von der Kita und dann machen wir was gemeinsam. Irgendwann muss ich dann auch mal den Haushalt machen, also ich würde sagen, so um 21.00 Uhr ist mein Tag beendet und dann schlafe ich vor dem Fernseher ein.«* (Mutter, lebt seit vier Jahren im Residenzmodell)

Zwar ist der Tag vollgepackt mit Arbeit, allerdings wird die familiäre Sorgearbeit leider nicht entlohnt. Am Ende eines anstrengenden Tages bleiben sechs Stunden entlohnte Erwerbsarbeit und eine erschöpfte Mutter, die 15 Stunden für die Versorgung ihrer Familie auf den Beinen war.

Weiblich, alleinerziehend, arm – diese drei Wörter stehen nicht zufällig nebeneinander. Als Ungleichheitsforscherin ist es mir sehr wichtig, auf den nach wie vor engen Zusammenhang dieser drei Attribute hinzuweisen. In der Forschung würden wir sagen: Es besteht eine hohe Korrelation zwischen diesen drei Indikatoren. Sie ergeben sich insbesondere auch daraus, dass bei einer Entscheidung für das Residenzmodell die Kinder meist bei der Mutter aufwachsen. Diese Einelternfamilien werden in der Statistik gemeinsam mit den Müttern erfasst, die von Geburt an ihr Kind ohne Vater großziehen, egal aus welchen Gründen. Bezeichnet wird diese Gruppe als Alleinerziehende. Dies ist mit Blick auf getrennt lebende Eltern vielleicht kein wirklich passender Ausdruck, weil in den meisten Fällen ja eine weitere Person mit Sorgerecht vorhanden ist und sich dadurch zurückgesetzt fühlen könnte. Da die Alltagsorganisation im Residenzmodell aber ganz klar an der hauptsächlich betreuenden Person hängt und in diesen Alltagszusammenhängen immer wieder schnelle Erziehungsentscheidungen getroffen werden müssen, wird auch hier der Begriff alleinerziehend angewendet. Im politischen und rechtlichen Dialog werden Mütter oder Väter als alleinerziehend definiert, die ledig, verwitwet, dauernd getrennt lebend oder geschieden sind und nicht permanent mit einem anderen Erwachsenen, jedoch aber mit ihrem Kind oder mit ihren Kindern in einem Haushalt zusammenleben. Alleinerziehend bedeutet folglich nicht zwangsläufig alleinstehend, also »Single« zu sein. Vielmehr macht eine Mehrheit der alleinerziehenden Elternteile ihre Situation daran fest, dass man – abgesehen von kleinen Auszeiten – den Großteil der Verantwortung für das gelingende Aufwachsen der Kinder, deren Alltagsgestaltung, aber auch die finanzielle Situation der Familie trägt.

Alleinerziehend kann also auch an der Einkommenssituation festgemacht werden: Im Gegensatz zur Möglichkeit des Doppeleinkommens in Zweielternfamilien ist die Einkommensmöglichkeit in Einelternhaushalten begrenzt. Ein Blick in die Statistik verrät: Im Jahr 2019 waren in Deutschland 2,09 Millionen Mütter und 435.000 Väter alleinerziehend.[27] Wenngleich die Zahl der alleinerziehenden Väter in den letzten Jahren leicht anstieg, ist der Unterschied dennoch klar erkennbar. Ein Großteil der Gruppe der alleinerziehenden Elternteile war vorher verheiratet oder in einer festen Partnerschaft, geht also von einem Leben in einer Partnerschaftsstruktur und doppelten Einkommenssituation in ein Leben, in dem von heute auf morgen der finanzielle Unterhalt der Familie, aber auch die Sorge um die Kinder eigenverantwortlich gestemmt werden muss.[28] Der Umstand, alleinerziehend zu sein, bleibt nicht ohne Folgen für berufliche Entscheidungen und damit auch die Einkommenssituation. Denn: Durch die allein zu meisternde familiäre Sorgearbeit wird die Vereinbarkeit von Familie und Beruf erheblich infrage gestellt. Alleinerziehende sind in einem sehr viel höheren Maße auf Unterstützungsleistungen, etwa in Form einer gut ausgebauten und qualitativ hochwertigen Kinderbetreuung in den verschiedenen Lebensphasen des Kindes, angewiesen. Trotz des Rechtsanspruchs auf Kinderbetreuung auf dem ersten Lebensjahr, der in Deutschland seit 2013 im achten Sozialgesetzbuch (SGB VIII) verankert ist und dem damit einhergehenden, immensen Ausbau der Betreuungsangebote in Deutschland, gibt es heute noch erhebliche Unterschiede. Diese lassen sich einerseits zwischen den einzelnen Bundesländern festmachen, aber auch innerhalb der einzelnen Bundesländer. So betrug die Betreuungsquote bei den unter Dreijährigen in Sachsen-Anhalt im Jahr 2020 beispielsweise rund 58 Prozent, in Bayern lag sie hingegen nur bei 29 Prozent. Bei den Drei- bis Sechsjährigen wartet Thüringen mit einer Betreuungsquote von 95 Prozent auf, das Schlusslicht bildet hier Bremen mit 85 Prozent. Bei der Hortbetreuung sind die Unterschiede noch einmal gravierender, da die Bundesländer hier unterschiedliche Gesetzgebungen haben. Alleinerziehende haben folglich schon mit ihrer Wohnortwahl unterschiedliche Voraussetzungen zur Unterbringung ihrer Kinder, was sich stark auf die Möglichkeit, einer Erwerbstätigkeit nachzugehen, auswirkt. Die sogenannten Stadt-

Land-Disparitäten verschärfen diese Ausgangsbedingungen dann noch einmal und werden besonders in Ostdeutschland deutlich. Während im Erzgebirge nur rund 64 Prozent der Ein- bis Dreijährigen einen Betreuungsplatz finden, sind es im Landkreis Nordsachsen (die Gegend um Leipzig herum) 85 Prozent.[29] Elternteile, die das Residenzmodell leben, sind folglich in hohem Maße davon abhängig, dass ihr Wohnort Unterstützungsleistungen bereithält, die es ihnen erlauben, einer Erwerbstätigkeit nachzugehen, die das Familieneinkommen sichert.

Laut Statistischem Bundesamt waren 2020 drei von vier alleinerziehenden Frauen mit mindestens einem Kind unter 18 Jahren erwerbstätig. Von den insgesamt zwei Millionen alleinerziehenden Frauen in Deutschland arbeiteten aber nur vier von zehn in Vollzeit. Dies bedeutet:

> Mehr als die Hälfte der alleinerziehenden Frauen ist nach wie vor in Teilzeit beschäftigt. Allerdings hat sich die Zahl der vollzeitnahen Erwerbstätigkeit bei Alleinerziehenden in den letzten Jahren deutlich erhöht, nicht verbessert hat sich hingegen ihre Einkommenssituation!

Die Gründe hierfür sind vielfältig. Die Teilzeitsituation ist unter anderem dadurch zu erklären, dass viele Mütter der Meinung sind, nur auf diese Weise den Belangen ihrer Kinder umfassend gerecht werden zu können und die Vereinbarkeit von Berufstätigkeit und Sorgearbeit sicherzustellen. Auf der anderen Seite sind viele Frauen in den sogenannten sozialen Dienstleistungsberufen tätig, wo von Grund auf Teilzeitbeschäftigungsverhältnisse dominant sind oder Schichtdienste eine Flexibilisierung der Arbeitszeiten verhindern, sodass die Mütter von sich aus ihren Beschäftigungsumfang reduzieren. Ebenso gibt es nach wie vor viele Arbeitgeber, die gerade alleinerziehenden Müttern eine Teilzeitbeschäftigung nahelegen, weil sie fürchten, dass es sonst zu größeren Personalausfällen kommen könnte.

Alleinerziehende tragen mit all dem eine Mehrfachbelastung, die sich gerade in der Coronapandemie noch einmal erheblich gezeigt hat. In einer Studie von mir zur Situation von Alleinerziehenden während der Phase des ersten Lockdowns im Bundesland Sachsen zeigten sich teils erschreckende Ergebnisse.[30] Ein Großteil der Befragten (auch hier waren es überwiegend Mütter) verwies auf eine erhebliche körperliche und psychische Erschöpfung und klagte nicht nur über eine deutliche Verschlechterung ihrer Eltern-Kind-Beziehung, sondern artikulierte auch die Sorge vor einem Totalausfall: Was, wenn man aufgrund von Krankheit oder der extremen Überlastung irgendwann nicht mehr arbeitsfähig ist? Existenzielle Ängste prägen das Leben vieler Alleinerziehender, nicht nur seit der Coronapandemie. Laut einer Bertelsmann-Studie erlebten schon im Jahr 2020 vor Beginn der Coronapandemie 40 Prozent der Alleinerziehenden in Deutschland finanzielle Armut.[31] Alleinerziehende sind tatsächlich viermal so häufig von Armut betroffen wie Paarfamilien und sie sind – darauf werden wir später noch kommen – auch häufiger von Armut betroffen als Elternteile, die das Wechselmodell praktizieren.

Zudem hängt die Erwerbstätigenquote von Müttern in Deutschland generell stark vom Alter der Kinder ab. Besonders in den ersten Lebensjahren zeigt sich, dass für Alleinerziehende die Betreuung der Kinder mit einer Berufstätigkeit viel schwerer zu vereinbaren ist als für Mütter, die in Paarhaushalten leben. Dementsprechend lag die Erwerbstätigenquote von alleinerziehenden Müttern mit kleinen Kindern im Jahr 2020 bei nur 27 Prozent und damit 10 Prozent unter der Quote der Mütter mit Partner:innen. Dazu kommt: 28 Prozent der Alleinerziehenden sind in Tätigkeiten beschäftigt, für die man keine Ausbildung braucht, also in sogenannten helfenden oder unterstützenden Tätigkeiten (in Paarhaushalten nur 20 Prozent). 38 Prozent der alleinerziehenden Mütter sind außerdem nicht im erlernten Beruf tätig (in Paarhaushalten sind es nur 29 Prozent), dies bedeutet, dass viele Alleinerziehende unter ihrem eigentlichen Qualifikationsniveau beschäftigt sind und daher geringere Einkommensmöglichkeiten haben.

Dies bleibt nicht ohne Folgen. Mit Blick auf die Einkommenssituation von alleinerziehenden Müttern und Vätern existiert ein deutlicher Gender-Pay-Gap. Vergleicht man die Einkommenssituation in Einelternhaushalten mit denen von Paarhaushalten wird die Kluft noch einmal deutlicher: Das durchschnittliche Monatseinkommen alleinerziehender Frauen liegt derzeit bei etwa 1.873 Euro, mehr als die Hälfte muss jedoch mit einem Monatseinkommen unter 1.700 Euro auskommen. Denkt man an die gestiegenen Mietpreise in fast allen deutschen Großstädten, an steigende Energiepreise und Lebenshaltungskosten, wird schnell deutlich, wie wenig Geld nach Abzug von Fixkosten zum Leben bleibt. Das durchschnittliche Monatseinkommen alleinerziehender Väter fällt hier schon großzügiger aus. Im Schnitt sind es 2.460 Euro. Der vielfach thematisierte Gender-Pay-Gap setzt sich also gerade auch bei Alleinerziehenden fort und sorgt für eine verstärkte soziale Ungleichheit zwischen alleinerziehenden Müttern und Vätern. Paarhaushalte haben im Durchschnitt mit etwa 4.100 Euro monatlich mehr als doppelt so viel Geld zur Verfügung wie alleinerziehende Mütter. Und: Diese Entwicklung wird sich in den nächsten Jahren nicht verbessern. Dies ist keine Mutmaßung von mir, sondern wurde durch Expertenkommissionen wie der Bertelsmann-Stiftung bestätigt und in Beispielrechnungen belegt.

Die Politik ist also darüber informiert, tut bisher aber viel zu wenig, um diese soziale Ungleichheitsspirale aufzuhalten und der

Benachteiligung von Alleinerziehenden und deren Kindern entgegenzuwirken. Vielmehr nimmt man sehenden Auges in Kauf, dass eine Vielzahl der alleinerziehenden Mütter einmal in Altersarmut landen wird. Ein Schreckensszenario, das gern verschwiegen wird, aber aus meiner Sicht unbedingt thematisiert werden muss, wenn man sich mit Betreuungsmodellen auseinandersetzt. Das Residenzmodell mit allen genannten Herausforderungen für alleinerziehende Mütter schafft unter den gegenwärtigen Bedingungen die große Gefahr, dass diese Frauen, die ihr Leben damit verbracht haben, ganz allein die Betreuung ihrer Kinder sicherzustellen und Sorgearbeit in erhöhtem Ausmaß zu betreiben, zum Lebensabend von Armut betroffen sein werden. Laut Berechnungen von Wissenschaftler:innen im Auftrag der Bertelsmann-Stiftung wird die Gruppe der Alleinerziehenden die einzige Haushaltsform sein, deren Einkommenssituation sich bis 2025 verschlechtern wird.[32] Dies liegt zum einen wieder an den Branchen, in denen alleinerziehende Mütter überproportional häufig beschäftigt sind, zum anderen aber auch an den steigenden Lebenshaltungskosten, die dazu führen, dass gerade Alleinerziehende wenig Vermögen zur Altersabsicherung aufbauen können.

Hinzu kommt, dass Erwerbsbiografien bei Alleinerziehenden oftmals brüchig sind, das heißt sie erleben aufgrund ihrer herausfordernden Familiensituation häufiger Arbeitsplatzwechsel und Jobverluste. Eine große Zahl von Alleinerziehenden ist aufgrund der erhöhten Flexibilität freiberuflich oder soloselbstständig, was zu ungewissen und monatlich schwankenden Einkommenssituationen führt und die Möglichkeit, Geld zu sparen, wiederum verringert. Das Institut für Arbeitsmarkt- und Berufsforschung setzt sich immer wieder mit der Situation unterschiedlichster Familienformen auseinander. Auch ihre Analysen zur Situation von alleinerziehenden Müttern verdeutlichen die Notwendigkeit einer politischen Intervention: Nur eine stabile Vollzeitbeschäftigung und tarifliche Absicherung (oder Absicherung über Mindestlöhne) führt dazu, dass eine dauerhaft gesicherte finanzielle Situation für diese Familien, aber auch für das Rentenalter dieser Mütter eröffnet wird.[33]

Auf den Punkt: Alleinerziehende und Armutsrisiko
Alleinerziehende Mütter mit ihren Kindern sind einem erhöhten Armutsrisiko und Risiko für Altersarmut ausgesetzt. Dies ist kein spezifisch deutsches Phänomen, sondern auch aus anderen Ländern bekannt. In vielen asiatischen Ländern ist die Situation alleinerziehender Mütter noch stärker besorgniserregend. Blickt man auf die EU-Staaten, so würde man Deutschland wahrscheinlich als ein Land mit hoher sozialer Absicherung beschreiben. Für alleinerziehende Mütter trifft dies aber noch nicht zu. Der 9. Familienbericht des Bundesfamilienministeriums weist dies sogar dezidiert aus: Deutschland nimmt mit Blick auf die Armutsquote und Armutsgefährdungsquote von Alleinerziehenden – insbesondere im Vergleich mit Paarhaushalten – einen der letzten Plätze im EU-Ranking ein.

Damit Mütter, die sich für ein Residenzmodell entscheiden, dennoch alle staatlichen Leistungen ausschöpfen können, habe ich die wichtigsten Ansprüche hier zusammengefasst:

Leistungen, die Alleinerziehende zur Verbesserung ihrer finanziellen Situation in Anspruch nehmen können:

Unterhaltsvorschuss: Das Gesetz zur Sicherung des Unterhalts von Kindern alleinstehender Mütter und Väter durch Unterhaltsvorschüsse oder -ausfallleistungen (UVG) trat am 1. Januar 1980 in Kraft und will Alleinerziehende in ihrer Lebenssituation entlasten. Mit der Gesetzesänderung 2017 wurde der Unterhaltsvorschuss ausgeweitet. Nun kann vom ersten bis zum 18. Lebensjahr eines Kindes Unterhaltsvorschuss bezogen werden, zuvor war es nur bis zum 16. Lebensjahr möglich. Zudem wurde der Unterhaltsvorschuss seit 2017 immer wieder erhöht. Seit dem 1. Januar 2021 liegt er zwischen 174 Euro (für Kinder zwischen null und fünf Jahren) und 307 Euro (für Jugendliche zwischen zwölf und 17 Jahren). Die Ausweitung des Unterhaltsvorschusses offenbarte deutlich die hohe Zahl bedürftiger Kinder in Alleinerziehendenhaushalten, die bis zur Reform vom Unterhaltsvorschuss überhaupt nicht profitieren konnten und dementsprechend finanziell extrem benachteiligt aufwuchsen. Bereits ein Jahr nach der Gesetzesreform stieg die Zahl der leistungsberechtigten Kinder und Jugendlichen von 414.000 auf 714.000 an. Es existiert eine große Gruppe von Alleinerziehendenhaushalten, die keine Sozialleistungen beziehen, aber aufgrund fehlender Unterhaltszahlungen mit der Einkommenssituation in der Familie nicht zurechtkommen. Wie im Vorfeld erwähnt, ist der Großteil der Alleinerziehenden in Deutschland erwerbstätig, jedoch schaffen viele es gerade einmal so, mit ihrem Einkommen über die Runden zu kommen. Das Ausbleiben des Unterhalts bringt diese Familien oftmals in große Schwierigkeiten, der Unterhaltsvorschuss ist, weil er einkommensunabhängig gezahlt wird, für viele Alleinerziehende eine große Erleichterung und verbessert damit auch die Situation ihrer Kinder.

Steuerlicher Entlastungsbetrag: Alleinerziehende können ihre Lebenssituation bei der steuerlichen Veranlagung berücksichtigen lassen und werden in die Steuerklasse II eingruppiert. Der Entlastungsbeitrag wird dabei nach der Kinderzahl gestaffelt. Durch den erhöhten Betreuungs- und Ausgabenaufwand verursacht durch die Coronapandemie wurde der Entlastungsbetrag für zwei Jahre von 1.908 Euro auf 4.008 Euro angehoben, ab dem zweiten Kind erhöht sich der Betrag nochmals. Die wirklichen Effekte der steuerlichen Entlastung werden von Expert:innen aber als gering eingeschätzt. So kommt die Bertelsmann-Stiftung in einer Expertise zu Alleinerziehenden zu dem Schluss, dass für mittlere und niedrige Einkommen, welche diese Entlastung dringend bräuchten, trotzdem zu wenig im Geldbeutel verbliebe. Beantragbar ist der steuerliche Entlastungsbetrag zudem nur, wenn das minderjährige Kind dauerhaft im Haushalt lebt und man für dieses Kind Kindergeld bezieht oder Anspruch auf den Kinderfreibetrag hat. Auf diese Weise wird zum Beispiel bei einer Trennung das Residenzmodell zementiert und der Übergang zu einem Wechselmodell erschwert.

Kinderzuschlag: zum 1. August 2019 trat das »Starke-Familien-Gesetz« in Kraft, das die Situation der Alleinerziehenden durch die Erhöhung des Kinderzuschlags verbessern möchte. Diese Erhöhung verhindert beispielsweise, dass Alleinerziehende, die mit dem eigenen Einkommen gerade so über die Runden kommen, aber die Kosten für ihre Kinder nicht umfassend decken können, in den Sozialleistungsbezug rutschen. Zusammen mit dem Kindergeld soll der Kinderzuschlag also das Existenzminium des Kindes – immer abhängig vom Lebensalter – abdecken. Neu für Alleinerziehende ist nun, dass das »eigene Einkommen« des Kindes, also der Unterhalt, den es bekommt, oder der Unterhaltsvorschuss, nicht mehr vollständig auf den Kinderzuschlag angerechnet wird, sondern nur noch zu 45 Prozent. Tatsächlich ist durch diese Reform bereits im ersten Jahr die Zahl der Kinderzuschlagsberechtigten um 9 Prozent angestiegen. Aufgrund der Coronapandemie ist davon auszugehen, dass sich die Beantragung des Kinderzuschlags noch einmal deutlich erhöhen wird. Die Reform kam also gerade zur richtigen Zeit, weil sie dazu beiträgt, dass Kinder durch die Pandemie nicht in existenzielle Krisen kommen. Denn es ist davon auszugehen, dass sich die Einkommenssituation vieler Alleinerziehender durch die Coronapandemie noch einmal verschlechtert. Der Großteil der alleinerziehenden Frauen ist von Umsatzausfällen (zum Beispiel durch Selbstständigkeit oder Freiberuflichkeit), Kurzarbeit oder Personalkürzungen stark betroffen, was nicht ohne Folgen für die finanzielle Situation ihrer Familien bleibt.

Entlastung bei Gebühren für Kitas: Für Alleinerziehende im Sozialleistungsbezug oder Bezug von Asylleistungen garantiert das seit 2019 geltende »Gute-Kita-Gesetz« die Kostenfreiheit der Kindertagesbetreuung. Zudem haben sich einige Bundesländer im Zuge dieses Gesetzes entschlossen, das letzte Kindergartenjahr kostenfrei zur Verfügung zu stellen, manche Kommunen bieten sogar mehrere Kindergartenjahre kostenfrei an. Dies entlastet alle Eltern, besonders aber Alleinerziehende, unabhängig von der Einkommenssituation.

Seit Beginn der Coronapandemie hat die Familienpolitik die Situation der Alleinerziehenden glücklicherweise verstärkt in den Blick genommen und auch hier Instrumente eingeführt, um die verstärkte Belastung zu mindern.[34]

Springt man ins kalte Wasser der Trennung, dann stellt man schnell fest, dass man es der Gesellschaft eigentlich nicht wirklich recht machen kann. Vätern, die in ein Residenzmodell einwilligen, wird unterstellt, sie drückten sich vor der Verantwortung. Väter, die sich für ein Wechselmodell einsetzen, werden immer wieder als »Unterhaltspreller« verdächtigt. Und Mütter, die im Sinne ihrer Kinder ein Wechselmodell starten, müssen sich tatsächlich manchmal anhören, dass sie Rabenmütter seien. Woher kommen solche gesellschaftlichen Stigmatisierungen und wie kann man ihnen in der konkreten Situation am besten begegnen? Die nächsten beiden Kapitel setzen sich mit diesen Fragen auseinander.

»Väter sind Helden, Mütter sind Rabenmütter!«

Vorurteile über das Wechselmodell

Im August 2021 hielt ich auf einer großen europäischen Konferenz einen Vortrag zum Thema gemeinsame Elternschaft nach der Trennung mit dem sehr plakativen Titel »Fathers as Heroes, Mothers as Part-Time Moms? Perceptions on Shared Parenting in Germany«. Ich initiierte damit nicht nur eine sehr lebhafte Debatte, sondern bekam auch sehr positives Feedback – vor allem von Frauen und tatsächlich auch von Kolleginnen, die in vielen Ländern dieser Welt das Wechselmodell praktizieren oder darüber forschen. Ich wurde explizit gelobt für die Thematisierung der unterschiedlichen gesellschaftlichen Anerkennung, die Vätern und Müttern zuteilwird, wenn sie sich für das Wechselmodell entscheiden. Doch wie kam ich zu der Behauptung, dass Väter als Helden gefeiert, Mütter hingen als Teilzeit- oder Rabenmütter abqualifiziert werden, wenn sie sich entscheiden, das Wechselmodell zu praktizieren?

Basierend auf den Auswertungen meiner Forschung bemerkte ich sehr auffallende Diskrepanzen in der Zufriedenheit von Vätern und Müttern mit dem Wechselmodell, die ich als Soziologin natürlich auch immer vor dem Hintergrund gesellschaftlicher Erwartungshaltungen und stereotyper Rollenmuster zu interpretieren versuche. Zur Verdeutlichung schauen wir am besten auf die Ergebnisse der Untersuchung: Wir haben in einer Studie die Eindrücke und die Zufriedenheit von Eltern wie auch Jugendlichen, die das Wechselmodell praktizieren oder praktiziert haben, erforscht. Zugrunde gelegt haben wir sogenannte biografische Interviews und Tiefeninterviews, für die Eltern gab es darüber hinaus noch einen kleinen Fragebogen. Nachdem der Forschung zum Wechselmodell von kritischen Lobbygruppen generell unterstellt wird, dass sie manipulativ sei, haben wir auf jegliche Fremdfinanzierung der Forschung verzichtet und das Projekt klein, aber intensiv angelegt. 70 vertiefende Interviews wurden insgesamt durchgeführt und 155 Mütter und Väter mittels Fragebogen zu ihren Erfahrungen mit dem Wechselmodell befragt. Deutlich wurde: Es gibt große Unterschiede in den Erfahrungen, die Eltern machen, wenn sie Freunden und Familienangehörigen von ihrer Entscheidung für das Wechselmodell berichten und ihren Alltag entsprechend zu organisieren versuchen. Mütter fühlen sich beispielsweise durch dieses Modell ganz anders belastet als Väter. Im Detail ergaben sich folgende Ergebnisse: Auf der Suche nach einem geeigneten Betreuungsmodell scheinen eher Väter das Wechselmodell vorzuschlagen (70 Prozent), nur ein geringer Teil der Eltern kommt von vornherein gemeinsam überein, dass gerade dieses Modell für ihren Familienerhalt wichtig ist. Schlagen die Väter das Modell vor, so zeigt sich nur die Hälfte der Mütter damit absolut einverstanden und ist überzeugt davon, das richtige Betreuungsmodell gewählt zu haben. Ein Viertel der Mütter stimmt eher widerwillig zu und ein weiteres Viertel muss aufgrund einer gerichtlichen Anordnung das Wechselmodell akzeptieren. Wenig verwunderlich ist, dass gerade diese Gruppe das Modell strikt ablehnt und nur über schlechte Erfahrungen berichtet.

Im Vergleich mit der Gruppe der Elternteile, die angibt, das Wechselmodell gemeinsam gewählt zu haben, wird der Kontrast besonders deutlich: Hier ist die Zustimmung der Mütter zur Tragfähigkeit des Modells und dem Wohlergehen der Kinder nahezu gleich stark ausgeprägt wie die der Väter. Kommunikation und gemeinsame Entscheidungen der Elternteile über die Ausgestaltung des Familienmodells nach der Trennung spielen aus Sicht dieser Elterngruppe für das Funktionieren des Wechselmodells eine große Rolle. Auch mit Blick auf die Einschätzung der Zufriedenheit ihrer Kinder weisen Mütter und Väter unterschiedliche Ausprägungen auf, denn gerade die Väter schätzen die Zufriedenheit ihrer Kinder mit dem Wechselmodell deutlich höher ein.

Wie kommen diese unterschiedlichen Ausprägungen zustande? In den Tiefeninterviews berichten gerade die Mütter von großen Schwierigkeiten, mit der langen Abwesenheit des Kindes zurechtzukommen und das eigene Leben neu zu organisieren, jenseits der Mutterrolle. Der Wechsel zwischen Mutterrolle und dem Aufbau eines neuen Lebens in den kinderlosen Phasen wird auch dadurch erschwert, dass Mütter sehr viel negativere Reaktionen aus ihrem Freundes- und Familienkreis bekommen, wenn sie erzählen, dass sie sich für das Wechselmodell entschieden haben, als Väter. In unserer Studie gaben rund 94 Prozent der Väter an, dass ihre Freunde positiv auf das Wechselmodell reagieren würden. Bei den Müttern fühlen sich nur 31 Prozent von ihren Freunden damit akzeptiert. Mit Blick auf die Anerkennung des Modells durch die Familie fällt die Diskrepanz noch deutlicher aus: Nur 33 Prozent der Mütter fühlen sich mit dem Modell von ihren Familien anerkannt, aber 99 Prozent der Väter. »Die Gesellschaft feiert Väter als Helden und kritisiert die Teilzeitmütter als Rabenmütter.« Dieses Zitat stammt nicht von einer Mutter, sondern von einem Vater, der die unterschiedliche gesellschaftliche Akzeptanz von Wechselmüttern und -vätern in seinem Interview sehr differenziert analysiert.

»Während mir meine Familie auf die Schulter klopfte und sagte: ›Das machst du richtig, es ist wichtig, dass du bei deinen Kindern bist‹ und meine Freunde mich regelrecht bewundern dafür, dass ich so viel Zeit mit meinen Kindern verbringe und sie überall miteinbeziehe, war das bei meiner Ex-Frau ganz anders. (Er seufzt.) Da sagten ihre Eltern tatsächlich, wie sie dazu komme, ihre Kinder zu verlassen und was für eine Rabenmutter sie eigentlich sei. Das hat es natürlich extrem schwer gemacht. Immer wenn die Kinder bei mir waren, hat sie möglichst keine Einladungen ihrer Familie angenommen, weil sie sich vor der Kritik so gefürchtet hat.« (Vater von zwei Kindern, seit vier Jahren im Wechselmodell)

Manche Mütter berichten von einer Zerrissenheit beim Leben des Wechselmodells. Sie entsteht durch Reaktionen der Gesellschaft, wird also von außen hereingetragen. In einer Situation, in der man wahrscheinlich so verwundbar wie nie im Leben ist, sind diese äußeren Einwirkungen pures Gift. Gerade den Müttern sitzt dementsprechend das schlechte Gewissen sehr oft im Nacken. Den Zwiespalt zwischen der eigentlichen Überzeugung, den Kindern mit dem Wechselmodell am besten gerecht werden zu können, und den Vorhaltungen des unmittelbaren Freundes- und Bekanntenkreises, schildert eine Mutter folgendermaßen:

»Ich werde tatsächlich auch gerade von befreundeten, alleinerziehenden Müttern dafür kritisiert, dass ich ja die Bürde des Mutterseins gar nicht richtig tragen würde, sondern meine Kinder immer wieder abgebe zum Vater. Ich bin in ihren Augen eine Teilzeitmutter, die sich schöne Tage macht, wenn die Kinder nicht da sind, und das ist natürlich nichts im Vergleich zur Last, den diese Alleinerziehenden tragen. Dazu kommen dann noch die Vorhaltungen der eigenen Familie, warum man die eigenen Kinder im Stich lässt. Man verlangt von mir,

dass ich mich schlecht fühle, weil ich meinen Kindern ermögliche, dass sie ihren Vater im Alltag auch regelmäßig sehen. Und sie haben es geschafft: Ich fühle mich schlecht.« (Mutter von zwei Kindern, seit zwei Jahren im Wechselmodell)

Der unterschiedliche gesellschaftliche Rückhalt für Väter und Mütter im Wechselmodell führt letztlich auch zu den Abbruchwünschen vieler Mütter sowie zu ihrer kritischeren Haltung und geringeren Zufriedenheit. Während die Generation der neuen Väter, die in Elternzeit gehen, Sorgearbeit übernehmen und nicht mehr nur als Versorger ihrer Kinder angesehen werden wollen, in aller Munde ist und es viel Beifall für diese Entwicklung gibt, scheint sich das Rollenbild von Müttern während der vergangenen zwei Jahrzehnte nicht wirklich erneuert zu haben. Genauer gesagt: Es hat sich das Frauenbild durchaus erneuert, das der Mütter aber nicht! Gleichberechtigung, Emanzipation, Diversität – diese Eigenschaften werden gelebt und gesellschaftlich befürwortet … bis zum Zeitpunkt der Mutterschaft. Dann verengt sich die gesellschaftliche Offenheit, denn Müttern werden beim Aufbau einer beruflichen Karriere noch immer ganz andere Stolpersteine in den Weg gelegt als Vätern.

Ganz schlimm wird es dann aber für getrennte Mütter – egal ob alleinerziehend oder im Wechselmodell. Während Wechselmodellmütter beruflich noch eher punkten können, schließlich haben sie ja regelmäßig kinderfreie Zeiten, in denen sie so richtig ranklotzen können, stehen Alleinerziehende oftmals als berufliche Verliererinnen da. Zu unsicher, zu wenig zuverlässig, zu wenig planbar – alles Gründe, die diese Frauen oftmals hören, wenn sie einen Karriereschritt tätigen wollen und sich fragen, warum bei gleicher Qualifikation jemand anders vorgezogen wird.

Mit Blick auf das Erfüllen der traditionellen Mutterrolle punkten dann wieder die Alleinerziehenden: Sie tragen ja die alleinige Last der Sorgearbeit und leisten eine permanente Kinderbetreuung. Die Wechselmütter werden bei dieser Betrachtungsweise zu den großen Verliererinnen. Besonders traurig: Die gesellschaftliche Ausgrenzung erfolgt oftmals in erster Linie durch Frauen! Das sogenannte Mom-Bashing oder Mom-Shaming sehe ich persönlich als größtes Hindernis für eine Neubewertung und Modernisierung der Mutterrolle. Solange es Frauen gibt, die anderen Frauen unterstellen, sie seien Rabenmütter, weil sie ihre Kinder nicht rund um die Uhr bei sich haben, oder aber Frauen dafür angreifen, dass sie sich bewusst dafür entscheiden, auch nach der Trennung gemeinsame Elternschaft zu praktizieren, sabotieren wir uns selbst und verhindern eine offene Weiterentwicklung und Vielfalt von gelebter Mutterschaft. Inwieweit die sozialen Medien für die erhebliche Zunahme des Mom-Shaming verantwortlich gemacht werden können, kann man bisher nicht sagen, hierzu fehlen glaubwürdige Forschungsdaten. Auffällig ist aber, dass sich gerade Mütter in den vergangenen zehn Jahren zunehmend miteinander vergleichen. Möglichkeiten hierzu gibt es durch Blogs, Social-Media-Auftritte und eine Vielzahl von Internetforen in großer Zahl. Anstatt sich gegenseitig bei den Herausforderungen der Mutterschaft beizustehen, ergibt sich ein recht düsteres Bild: Stillbefürworterinnen kämpfen verbal gegen Stillverweigerinnen, Einschlafmethoden werden kritisiert, Helikoptermoms angeprangert oder Karrieremütter per se verurteilt. Es ist erstaunlich und irgendwie auch beschämend, wie scharf sich Mütter gegenseitig in Mütterforen angreifen und wie verletzend hier oftmals über andere hergezogen wird. Dabei könnte der Austausch doch auch zu einer größeren Offenheit führen und zeigen, wie vielschichtig das Muttersein in den vergangenen Jahrzehnten geworden ist.

Insbesondere das Thema Trennung und die Wahl von Betreuungsmodellen lässt die Emotionen im Netz regelmäßig hochkochen und sorgt verständlicherweise für eine große Unsicherheit bei Müttern, die gerade in der Trennungsphase sind. Kollektive Solidarität fehlt im Trennungsbereich völlig. Einer Mutter, die sich für das Wechselmodell entscheidet, vorzuwerfen, dass sie damit die Unterhaltsansprüche vieler Alleinerziehender infrage stelle, ist für mich grenzverletzendes Verhalten und ein Eindringen in die Privatsphäre und Entscheidungskraft. Viel wichtiger ist es – und genau dies wollen wir an dieser Stelle auch machen – die Entlastungsfunktionen für Mütter herauszustellen. Die großen Studien zu Kind und Karriere zum Beispiel von der Bertelsmann-Stiftung oder dem Allensbach-Institut zeigen uns deutlich, dass es gerade Mütter sind, die nach wie vor beruflich zurückstecken, wenn die Familiengründungsphase startet.[35] Dies hängt einerseits mit der nach wie vor geltenden Einkommensungleichheit zwischen Männern und Frauen in Deutschland zusammen, andererseits aber auch mit den hohen Ansprüchen, die Frauen heute an sich selbst haben. Sie wollen sowohl in der Mutterrolle als auch im Beruf glänzen und glauben dies oftmals nur tun zu können, wenn sie teilzeitbeschäftigt sind. Die Unzufriedenheit mit dieser Situation ist häufig auch ein Grund, der zur Trennung führt.

Im Wechselmodell können Mütter sich sehr viel offener überlegen, wie sie sich beruflich orientieren wollen. In meiner Forschung erlebe ich Mütter, die ihre Selbstständigkeit weiter ausgebaut haben oder von einer Festanstellung in die Freiberuflichkeit gewechselt haben. Außerdem Mütter, die nach der Trennung einen Karrieresprung gewagt haben, weil sie die kinderfreie Zeit gern dazu nutzen wollen, ihr berufliches Standbein weiter auszubauen. Diese Mütter berichten von einer größeren Zufriedenheit, die es ihnen auch nicht schwer macht, in den Zeiten der Kinderbetreuung den Beruf etwas zurückzufahren und sich voll auf die Kinder einzulassen. Das hängt sicherlich auch damit zusammen, dass es gerade Eltern in flexiblen Arbeitsarrangements sind, die das Wechselmodell wählen. Wer unnachgiebige Arbeitgeber hat, gepaart mit starren Arbeitszeitstrukturen und fehlenden Konzepten zur Vereinbarkeit von Familie und Beruf, hat sicherlich Probleme, die nötige Flexibilität des Wechselmodells umzusetzen. Wenn diese aber gegeben ist, dann bietet das Modell tatsächlich neue Perspektiven.

Auch die Väter berichteten in den Interviews immer wieder, dass die Work-Life-Balance im Wechselmodell für sie sehr gut gegeben sei. Aus meinen Erfahrungen heraus kann ich dies bestätigen: In den Zeiten, in denen meine Kinder nicht da sind, freue ich mich auf meine beruflichen Herausforderungen, gehe neue Projekte an und genieße es durchaus, auch mal Karrierepowerfrau zu sein. Sind meine Kinder bei mir, dann bin ich Mutter ohne schlechtes Gewissen. Priorität haben die Kinder und ihre Wünsche und Belange, ihre Alltagserfordernisse dominieren dann meinen Terminkalender. Meetings müssen dann eben mal um 14 Uhr beendet sein, weil dann die Kinder heimkommen, wir gemeinsam essen und ich danach mit ihnen Hausaufgaben mache oder lerne. Da die Kinder ja auch immer größer und selbstständiger werden, brauchen sie meine Unterstützung nicht mehr so häufig wie früher und ich kann oftmals am Nachmittag doch wieder an die Arbeit zurück.

> Als Alleinerziehende im Residenzmodell hätte ich meine beruflichen Planungen niemals verwirklichen können und ich gebe ehrlich zu: Ich wäre wohl sehr frustriert gewesen!

Mit den Vorbehalten von entfernteren Familienmitgliedern oder Bekannten hatte auch ich anfangs zu kämpfen, und zwar in erheblichem Maße. Auch mir wurde egoistisches Verhalten unterstellt, weil ich es zulasse, dass meine Kinder immer dann, wenn sie es wollen, Zeit mit ihrem Vater verbringen können, und deshalb aber nicht Trübsal blase. Dazu kann ich nur sagen: Die Zeit und der Erfolg sind meine besten Mitspieler. Denn irgendwann tritt ein Gewöhnungseffekt ein und wenn die Menschen sehen, dass sich alle Beteiligten, vor allem aber die Kinder wohlfühlen in dem individuell zugeschnittenen Wechselmodell, dann verstummen auch die kritischen Stimmen. Und: Meine Kinder sind so selbstbewusst, »ihr Modell« (und tatsächlich bezeichnen sie es so, weil wir ihnen viele Mitspracherechte geben) zu verteidigen, wenn ihnen mal wieder irgendjemand unterstellen will, dass sie ja »arme Scheidungskinder« seien. Dieses Selbstbewusstsein meiner Kinder macht mich rundherum glücklich, denn dann weiß ich, dass es wichtig und richtig war, in das Wechselmodell zu gehen. Einen Bewusstseinswandel kann man allerdings nur erreichen, wenn man Verwandten oder Freunden aufzeigt, wie verletzend bestimmte Verhaltensweisen sind. Oder aber: Wenn sich Familie und Freunde von selbst fragen, wie sie Eltern und deren Kindern in Trennungsphasen beistehen können. Tipps hierfür finden sich im nächsten Kapitel, das sich daher auch konkret an das Umfeld von Eltern in Trennung richtet. Vielleicht regt es Sie an, mit Ihren Eltern, Geschwistern oder Freund:innen neu darüber zu sprechen.

»We are family – nur eben anders!«

Die Dos and Don'ts von Verwandten und Freunden bei Trennungen

Als ich meinen Eltern mitteilte, dass meine Ehe gescheitert ist, reagierten sie zunächst sehr cool. Kein Wunder, dachte ich, auch mein Vater war bereits geschieden, als er meine Mutter kennengelernt hatte. Beim ersten Weihnachtsfest, dass ich als getrennt lebende Ehefrau verbrachte, zeigte sich dann aber: So ausgeprägt, wie ich es mir gewünscht hätte, war das Verständnis meiner Eltern dann doch nicht. Die Weihnachtsfeiertage wurden von uns als getrennten Eltern aufgeteilt, denn natürlich sollten die Kinder sie mit uns beiden feiern dürfen. Alte Traditionen, etwa die Weihnachtsfeier bei meinen Eltern, mussten dafür aufgegeben bzw. modifiziert werden. Zur Herausforderung, angemessen mit der neuen Situation umzugehen und für die Kinder dennoch ein schönes Weihnachtsfest vorzubereiten, kam für mich nun noch das Gefühl, es meinen Eltern nicht mehr recht machen zu können und ihnen einen Teil ihrer Weihnachtsfreude wegzunehmen. Ich bin ganz ehrlich: Ich hätte es als große Entlastung empfunden, wenn ich mich erst mal auf mich selbst und die Absprache mit meinem Ex-Mann hätte konzentrieren können. Natürlich verstehe ich aus heutiger Perspektive sehr gut, dass man mit einer Trennung und den damit einhergehenden Veränderungsprozessen auch den nahen Verwandten einiges zumutet. Auch sie müssen sich auf Veränderungen einstellen, auch sie müssen ihre eigene Haltung zu dieser Trennung finden – und zugleich machen sich gerade die Großeltern viele Gedanken darüber, wie es den Kindern in dieser Situation ergeht. Nicht nur den Enkelkindern, sondern auch dem eigenen, erwachsenen Kind, dass nun mit dem Ende einer Partnerschaft konfrontiert wird.

Viele Eltern werden dieses Gefühl der Zerrissenheit kennen: Auf der einen Seite ist man froh, dass es die nahen Verwandten gibt, die eine wesentliche Stütze sind, um die Kinder in dieser schwierigen Lebensphase aufzufangen und abzulenken. Auf der anderen Seite spürt man genau, dass diese nahen Verwandten Antworten, Erklärungen und Lösungsansätze erwarten, die man gerade in der ersten Trennungsphase gar nicht geben kann. Ehe ich mich in die Forschungsliteratur zu familiären Trennungen eingearbeitet hatte, dachte ich tatsächlich, es würde an mir oder auch dem Verhältnis zu meinen Eltern liegen, dass es gerade seit meiner Scheidung immer wieder mal ordentlich kracht. Mittlerweile habe ich aber nicht nur viele internationale Studien gelesen, sondern meine eigene Forschung zu Betreuungsmodellen nach der elterlichen Trennung durchgeführt und bin mit diesem Phänomen des fehlenden Verständnisses häufig in Berührung gekommen. Peter, ein Vater aus meiner Wechselmodellstudie, schildert seine Erfahrungen mit der Reaktion der Großeltern folgendermaßen:

> *»Ja, wie haben wir das dann den Verwandten kommuniziert und wie haben die reagiert? Also bei meiner Mutter war es kein großes Thema, die hat es akzeptiert und ich kann auch nicht sagen, dass sie ihr Verhalten gegenüber meiner Ex-Frau verändert hätte. Die beiden haben nach wie vor Kontakt, weil sie ja eben auch die Oma unserer Tochter ist, und für mich ist das auch okay. Sie haben Kontakt in dem Sinne, dass sie telefonieren, wann unsere Tochter mal kommen*

kann oder wann die Oma mal als Babysitter einspringen kann, und das macht meine Mutter dann auch. Bei den Eltern meiner Ex-Frau war es anders. Die haben mich sofort angegriffen und erst dachte ich, sie sind nur gegen mich, aber sie haben auch meiner Ex-Frau viele Vorwürfe gemacht. In erster Linie ging es immer darum, wie wir unsere Tochter zum Scheidungsopfer machen können, so haben die das genannt. Und dann gibt es immer Diskussionen, wenn meine Ex-Frau erklärt, dass unsere Tochter an manchen Feiertagen eben nicht bei Feiern mit dabei ist, weil sie da bei mir und meiner Familie ist. Die Eltern meiner Ex-Frau empfinden es als Versagen, dass meine Ex-Frau hier quasi gegen sie und für mich Position bezieht. Die Beziehung zwischen meiner Ex-Frau und ihren Eltern hat sich sehr verschlechtert, mit mir reden sie eigentlich gar nicht mehr.« (Vater von einer Tochter, lebt seit fünf Jahren im Wechselmodell)

Tatsächlich sind die Großeltern bei einer Trennung oder Scheidung für die Kinder wichtige Bezugspersonen. Oftmals sind es auch die Menschen, die das Kind – neben den Eltern – von klein auf am häufigsten gesehen haben und die bei der Erziehung und Betreuung wichtige Stützen sind. Gleichzeitig genießen Kinder bei ihren Großeltern einen wichtigen Schon- und Schutzraum. Deshalb können diese in der Trennungsphase das sichere Nest bieten, das bei den Eltern gerade in Auflösung begriffen ist. Dennoch sind Großeltern eben auch Eltern und hier kommt es oftmals zu einer weniger schützenden und vielmehr pseudo-erzieherischen Haltung. Man ermahnt das eigene, schon erwachsene Kind, anstatt auch ihm Trost und Verständnis zu spenden. Die Situation ist für alle Beteiligten schwierig und gerade die Eltern müssen im Alltag so viel Stärke zeigen, dass es im eigenen Familienkreis guttut, wenn man sich einfach einmal fallen lassen kann und ebenso viel Empathie gezeigt bekommt wie die Kinder.

Doch warum reagieren gerade Großeltern manchmal mit starker Kritik und fehlendem Verständnis? Aus meiner Sicht sind auch hier ganz zentrale Ängste vorhanden: So haben viele Großeltern Angst davor, ihre Enkelkinder weniger oder vielleicht gar nicht mehr regelmäßig sehen zu können, und vergessen dabei, dass eine erste Phase der Trennung und damit verbundene Neuordnungen nicht in Stein gemeißelt sind. Ein Klammern an frühere Regeln und Traditionen bringt die Elternteile noch mehr in Bedrängnis und führt dazu, dass auch die Kinder immer wieder an frühere Situationen erinnert werden, in denen das gemeinsame Familienleben noch funktionierte. Tatsächlich bedeutet es für viele Großeltern eine große Anstrengung, sich auf die Veränderungen einzulassen. Wenn sie jedoch bereit sind, diesen Weg mitzugehen, dann helfen sie den Eltern wie auch ihren Enkelkindern damit am besten. Selbstverständlich bedeutet dies nicht, dass Großeltern unkritisch den Trennungsweg verfolgen sollten. Gerade wenn die Eltern in ihren Paarstreitigkeiten gefangen sind, sollten Großeltern daran erinnern, die Kinder aus diesem Zwist herauszuhalten. Dazu gehört auch, dass Großeltern mit gutem Beispiel vorangehen und den Schwiegersohn oder die Schwiegertochter weiterhin höflich und als Elternteil wertschätzend behandeln. Position ergreifen sollten Großeltern keinesfalls vor den Enkelkindern, das steigert nur deren Verlustempfinden und ihre Furcht vor einer ungewissen Zukunft, in der alles auseinanderzubrechen droht.

Eltern werden den Kontakt ihres Kindes zu den Großeltern gerade dann zulassen, wenn sie sich sicher sein können, dass sich Oma und Opa vor dem Kind unparteiisch zeigen und keinerlei Beeinflussung vornehmen. Dies betrifft nicht nur die erste Trennungsphase, sondern Eltern brauchen die Gewissheit, dass die getroffene Entscheidung nicht hinter ihrem Rücken zwischen Groß-

Großeltern und der Trennungsprozess ihrer erwachsenen Kinder

Großeltern fühlen sich oftmals mit der Scheidung wie auch dem Zerbrechen der Familie überfordert. Zudem sind sie oft nicht auf dem Laufenden, was das aktuelle Familienrecht betrifft, und argumentieren deshalb mit veralteten Leitsätzen. Es gibt allerdings eigene Internetseiten für Großeltern und deren Rolle im Trennungsprozess. Hier erhalten sie nicht nur Auskünfte darüber, wie sie ihren Enkelkindern besonders gut helfen können, sondern auch, wie Trennung und Scheidung im modernen Familienrecht ablaufen. So befasst sich beispielsweise das Familienhandbuch (www.familienhandbuch.de), herausgegeben vom Staatsinstitut für Frühpädagogik Bayern, in einem eigenen Kapitel mit der Rolle der Großeltern im Trennungsprozess.

eltern und Enkelkindern thematisiert oder infrage gestellt wird. Die Kinder erleben sonst eine Situation, in der die geschätzten und geliebten Großeltern das Urteilsvermögen und die Entscheidungsfähigkeit von Mutter und Vater anzweifeln, und kommen so schnell in eine Haltung, in der auch sie sich mit der Trennung und deren Ausgestaltung nicht abfinden wollen.

Auch die Geschwister der Eltern können in der Phase der Trennung und des Übergangs ins »neue Leben« eine wichtige Stütze sein – oder aber das Leben extrem verkomplizieren. So betont eine Mutter beispielsweise im Interview den fehlenden Rückhalt ihrer Geschwister und die Leere und Einsamkeit, die sie dadurch verspürt:

»Meine Familie, also meine Eltern, aber vor allem meine zwei Geschwister, verhalten sich sehr seltsam seit meiner Trennung. Meine Geschwister haben mich immer wieder überreden wollen, meine Ehe weiterzuführen. Das ist fast lächerlich, weil gerade mein Bruder auch total unglücklich in seiner Ehe ist und es aber einfach nicht schafft, sich zu trennen. Weil er es nicht schafft, hätte ich es dann auch nicht machen sollen. Meine Schwester hat sich mehr Sorgen um meine Kinder gemacht, das war anfangs auch okay. Aber mittlerweile spricht sie nur von den armen Scheidungskindern und betont dann immer, wie gut es ihre Kinder ja hätten, weil sie in einer intakten Familie aufwachsen. Da flippe ich regelmäßig aus, mittlerweile kann ich mich nicht mehr zurückhalten, es kracht dann ordentlich. Weil ich mich einfach ausgegrenzt fühle und es gar nicht einsehe, dass meine Kinder und ich so herablassend behandelt werden. In jeder Familie gibt es Probleme und ich mische mich in die Probleme meiner Geschwister auch nicht ein. Aber sobald du dich trennst, meint deine Familie, dass sie dir sagen kann, was sie möchte. Und das sehe ich echt nicht mehr ein. Der Kontakt hat ganz schön gelitten, ich fühle mich oft allein und bin traurig, weil ich meine Geschwister eigentlich bräuchte.«
(Mutter von zwei Kindern, seit vier Jahren im Wechselmodell)

Für Eltern in Trennungssituationen fühlt es sich besonders schlimm an, wenn die »eigene Seite«, also die Menschen, die seit Jahrzehnten zum eigenen Familienleben gehören und denen man bisher vertrauen konnte, kein Verständnis für die getroffene Entscheidung zeigt und völlig überzogen reagiert. Tatsächlich lösen Trennungsankündigungen in der Familie, aber auch im Freundeskreis zum Teil tiefsitzende Ängste bei diesen anderen Menschen aus. Die Angst vor dem Verlassenwerden spielt oftmals eine Rolle, manchmal aber auch die Erkenntnis, dass man selbst nicht die Stärke besitzt, eine solche Trennung durchzuziehen, obwohl man ebenfalls in einer unbefriedigenden Partnerschaft lebt. Denn genau das ist eine Trennung mit Kindern: ein immenser Kraftakt, der einem nicht nur Willensstärke, sondern auch viel körperliche Energie abverlangt. Vielleicht wäre es daher wichtig, als Verwandte oder Freunde eigene Ängste zu reflektieren und diese nicht auf andere zu übertragen. In allen Lebensbereichen müssen wir damit klarkommen, dass Menschen andere Entscheidungen treffen als wir selbst. Warum also nicht auch bei Trennungen?

Wie können Sie als Großeltern und nahe Verwandte unterstützen?

- Bieten Sie den Kindern Rückzugsmöglichkeiten und Gelegenheiten, sich in einer vertrauten Umgebung auch in der ersten Trennungsphase geborgen zu fühlen.
- Haben Sie ein offenes Ohr für die Kinder und ihre Themen, aber drängen Sie nicht. Manche Kinder sprechen nicht gern oder zeitverzögert über die Trennung ihrer Eltern. Andere hingegen brauchen sofort jemanden, der ihnen zuhört.
- Hören Sie zu, aber urteilen und bewerten Sie nicht. Sätze wie »Ich kann verstehen, dass du dich momentan schlecht fühlst« helfen viel mehr als eine negative Äußerung über die Eltern.
- Zeigen Sie den Kindern, dass Sie auf jeden Fall eine stabile Größe in ihrem Leben bleiben werden. Etwa,

indem Sie feste Großelterntage oder Tante/Onkel-Tage einplanen.

- Im Zeitalter der Messengersysteme kann man guten Gewissens auch immer wieder eine liebevolle Nachricht oder ein schönes Bild an ältere Kinder und Jugendliche mit eigenem Handy schicken. Jugendliche telefonieren zwar oft nicht gern, über eine kurze Nachricht freuen sie sich aber immer.

- Schreiben Sie jüngeren Kindern (ohne Handy) kurze Briefe oder Postkarten. Auch das zeigt, dass Sie immer an die Kinder denken, und heitert sie auf.

- Lassen Sie die Kinder an Ihrem Leben und Ihren Erlebnissen teilhaben und verfallen Sie nicht in eine Schockstarre, in der Sie immer nur über die Trennung und die neue Situation für die Kinder sprechen.

- Halten Sie sich vor Augen, dass Kinder nach einer Trennung möglichst regelmäßig Kontakt zu beiden Elternteilen haben sollen, und ermutigen Sie die Eltern, nach einer solchen Lösung zu suchen.

- Akzeptieren Sie alle Elternteile und auch die »anderen« Großeltern so, wie sie sind, und machen Sie das dem Kind auch deutlich. Zeigen Sie dem Kind, dass alle Familienmitglieder auch nach einer Trennung noch dazugehören und niemand außen vor bleibt.

- Informieren Sie sich als Großeltern oder nahe Verwandte über das derzeit gültige Familienrecht. Machen Sie sich damit vertraut, dass beide Elternteile in der Regel auch nach einer Trennung ein gemeinsames Sorgerecht behalten und damit im Leben des Kindes, aber auch in Ihrem Leben als Großeltern präsent bleiben (zumindest indirekt durch Erzählungen des Kindes oder Treffen auf Familienfeiern).

- Informieren Sie sich über Ihre Rechte als Großeltern. Auch Großeltern haben ein Recht auf Umgang mit dem Kind, sofern es dessen Wohle zuträglich ist.
- Halten Sie sich mit Ratschlägen gegenüber den Elternteilen zurück, insbesondere was die gescheiterte Partnerschaft betrifft. Der Rückfall in das alte Rollenmuster »wissende Eltern versus unmündiges Kind« ist hier nicht mehr angebracht, denn Ihr Kind ist längst erwachsen und hat eine Entscheidung getroffen. Sie müssen diese Entscheidung nicht gut finden, Sie sollten sie aber respektieren.
- Auch wenn es Ihnen so vorkommt, als wäre die Entscheidung für eine Trennung oder Scheidung zu schnell getroffen worden, halten Sie sich eines vor Augen: Gerade der Familie versucht man möglichst lange eine heile Welt vorzuspielen, weil man das eigene Bild auch nicht beschädigt sehen möchte. So unvermutet, wie Sie denken, kommt die Trennung also höchstwahrscheinlich nicht.
- Versuchen Sie Mut zu machen und einen positiven Blick in die Zukunft zu richten.

Nachdem wir nun vor allem einen sehr ausführlichen Blick auf die Herausforderungen von Müttern geworfen haben, die sich für ein Modell der gemeinsamen Elternschaft nach der Trennung entscheiden, wollen wir nun auch die Perspektiven von Vätern näher beleuchten. Tatsächlich fordern in Deutschland mehr Väter als Mütter eine Abkehr vom traditionellen Residenzmodell hin zu Modellen der egalitären Elternschaft nach der Trennung. Warum dies so ist, möchte ich mit Ihnen im folgenden Kapitel beleuchten.

»Ich bin nicht nur Papa, so lange alles in Ordnung ist. Ich will auch nach der Trennung für meine Kinder da sein.«

Die Generation der neuen Väter

Die Forderung heutiger Väter, vermehrt in die Erziehung ihrer Kinder – auch nach einer gescheiterten Partnerschaft – einbezogen zu werden, stößt bisweilen auf Unverständnis. Um die unterschiedlichen Blickwinkel der Gesellschaft auf die Beziehung zwischen Müttern und Kindern sowie zwischen Vater und Kind besser zu verstehen, lohnt sich ein kulturhistorischer Ausflug. Tatsächlich gibt es – im Unterschied zur Mutter-Kind-Beziehung – in der Ausgestaltung der Vaterrolle keine geschichtliche Linearität. Der Vater hat es hier vergleichsweise schwerer, ihm wird die biologische Bindung abgesprochen, die oftmals mit dem Austragen des Kindes durch die Frau begründet wird. Ein Blick in die Mythologie verrät: Der Vater war stets erhaben, leicht entrückt von den Belangen der Mütter und Kinder. Zeus als Göttervater zeugte beispielsweise eine Vielzahl von Kindern, hatte an dem einen mehr und an dem anderen weniger Interesse, trennte sich mal von dieser Frau und machte sich dann eine andere untertan, stets darauf bedacht, seine eigenen Interessen voranzutreiben. Mit Fürsorge und einer lebenslangen elterlichen Sorge haben diese Beschreibungen freilich wenig zu tun. Auch im antiken Rom war der Vater als *pater familias* mit einer gesellschaftlichen Machtposition ausgestattet, mit der er es vermochte, alle finanziellen Entscheidungen zu treffen und über das Leben der Sklaven, aber auch der eigenen Kinder zu bestimmen.

Springt man in das vorindustrielle Zeitalter, so sieht man zwar einzelne Schwerpunktsetzungen innerhalb der einzelnen Schichten, jedoch war allen gemeinsam: Am Aufwachsen der Kinder nahmen Väter nur geringen Anteil. Zwar legte der Adel oder auch das Bürgertum viel Wert darauf, dass den Kindern (in dieser Zeit reduziert auf die männlichen Nachkommen) umfassende Bildung zuteilwurde, doch übernahm diese nur selten der Vater selbst, vielmehr wurden Hauslehrer:innen eingestellt und der Vater überprüfte höchstens zu gegebener Zeit die Lernfortschritte seines Kindes. Der Vater blieb – wie wir aus vielen Schriften und Büchern wissen – den Kindern oft fremd und war eine Autoritätsperson, vor der sich viele Kinder regelrecht fürchteten und der man sich fraglos unterordnete. Bezieht man Vaterfiguren klassischer Dramen ein, so wird das Bild der emotionalen Distanz zwischen Vater und Kind ausdrücklich zementiert. In seinem Drama »Kabale und Liebe« thematisiert Friedrich Schille beispielsweise die Liebe zwischen der bürgerlichen Luise und dem adligen Ferdinand und arbeitet die Rolle der Väter dabei sehr intensiv heraus. Trotz unterschiedlicher Stände sind sie sich in der Beziehung zu ihren Kindern absolut ähnlich: Sie ignorieren deren Willen und tragen damit zur Tragödie bei.

Die Industrialisierung verändert dann die Situation zwischen Vätern und Kindern, zumindest mit Blick auf die Arbeiterfamilien. Durch die Wohnungsnot in den Städten und das Zusammenleben auf engstem Raum rücken Väter und Kinder unweigerlich zusammen. Durch die Trennung von Wohnen und Arbeiten wird die Familie zum privaten Rückzugsort, der Begriff der Freizeitgestaltung hält Einzug in die Gesellschaft und damit auch gemeinsame Unternehmungen von Vätern mit ihren Kindern. Dennoch bleibt die Sorgearbeit eine weitgehend weibliche Domäne und daran wird sich auch bis hinein in die 1970er-Jahre erst einmal nicht viel ändern. Im Zuge der 1968er-Bewegung, vor allem aber mit dem Aufschwung der Emanzipationsbewegung entsteht der partnerschaftliche Vatertyp, der sich zunehmend an der Versorgung und Erziehung der Kinder beteiligt. In den 1980er-Jahren wird es beispielsweise immer selbstverständlicher, dass Väter bei der Geburt ihrer Kinder im Kreissaal anwesend sind. Ihre Rolle wandelt sich und dennoch: Die Hauptlast der Kinderbetreuung trägt, vor allem in Westdeutschland, noch immer die Mutter.

Die Generation der »neuen Väter« oder »aktiven Väter« verfolgen wir in der Wissenschaft, insbesondere der Familiensoziologie, seit Einführung des Elterngeldes im Jahr 2007 mit viel Interesse. Gemeint ist eine Intensivierung des partnerschaftlichen Vatertyps, der nun auch bei der Ausrichtung der Familienpolitik eine größere Rolle spielt. Die Generation der »neuen Väter« unterscheidet sich von der Generation der partnerschaftlichen Väter deshalb, weil es sich nun um Väter handelt, die überdurchschnittlich viel Zeit mit der Betreuung ihrer Kinder verbringen oder aber beispielsweise gemeinsam mit ihren Partner:innen die Partnermonate des Elterngeldes nutzen und für sich entscheiden, in Elternzeit zu gehen.[36] Familienpolitische Innovationen wie das ElterngeldPlus haben dabei ganz klar zur Entstehung dieser Vätergeneration beigetragen. Wenngleich sich manche Väter in früheren Jahren schon vorstellen konnten, einen Teil der familiären Sorgearbeit zu übernehmen, und es bereits die Figur des Hausmannes gab, war dies immer mit klaren finanziellen Einbußen und einer gesellschaftlichen Stigmatisierung verbunden. Die neu ausgerichtete Familienpolitik trägt also dazu bei, dass sich Väter heute sehr viel aktiver in Erziehungs- und Betreuungsaufgaben einbringen können als früher. Selbstverständlich ist mit einer Inanspruchnahme des gemeinsamen Elterngeldes nicht garantiert, dass sich Väter auch im späteren Lebensalter der Kinder einbringen, allerdings legt es einen Grundstein für eine veränderte Sichtweise von Vätern auf das Erleben ihrer Kinder.

Entscheidend für diesen neuen Blick der Väter auf ihre eigene Rolle beim Aufwachsen ihrer Kinder ist oftmals, dass sie die Elternmonate tatsächlich allein wahrnehmen und begreifen, welche Kraft und Verantwortung familiäre Sorgearbeit bedeutet. Die Familiensoziologin Johanna Possinger weist auf diese Kluft zwischen partnerschaftlicher Assistenz und wirklich aktiver Vaterschaft in ihrer im Jahr 2013 erschienenen Dissertation hin.[37] Andere Hemmschuhe für eine fehlende aktive Vaterschaft finden sich aber auch außerhalb der Familien, zum Beispiel auf politischer Ebene oder in der Arbeitswelt. So betont etwa der Geschlechtersoziologe Michael Meuser, dass einer ersten Aufbruchstimmung junger Eltern zur Überwindung klassischer Rollenmodelle oftmals eine Desillusionierung folgt.[38] Der nach wie vor existierende Gender-Pay-Gap etwa, also die Tatsache, dass Männer in vielen Branchen und Positionen noch immer mehr verdienen als Frauen, führt oftmals dazu, dass das Bedürfnis der Väter, mehr am Leben ihrer Kinder teilzuhaben, der Notwendigkeit der finanziellen Absicherung der Familie weicht. Kurz gesagt: Wer mehr verdient, bleibt im Job, wer weniger verdient, verrichtet familiäre Sorgearbeit! Zementiert wird dies auch durch das traditionelle deutsche Steuerrecht, insbesondere durch das sogenannte Ehegattensplitting. Ehepaare und eingetragene Lebenspartner können hierzulande die steuerliche Zusammenveranlagung wählen. Bei der Steuererklärung wird dementsprechend das zu versteuernde gemeinsame Einkommen der Ehegatten ermittelt und halbiert. Für diesen Betrag wird dann die Einkommenssteuer berechnet und verdoppelt. Es wird also bei verheirateten Paaren von Grund auf angenommen, dass beide Ehepartner die Hälfte des gemeinsamen Einkommens beisteuern, unabhängig davon, ob das wirklich der Fall ist. Im Gegenteil: Je größer die Einkommensdifferenz ist, desto größer ist der steuerliche Vorteil. Ehepaare mit einer traditionellen Rollenverteilung, also einem Teilzeitjob der Ehefrau und einer Vollerwerbstätigkeit des Mannes (umgekehrt ist das bisher selten der Fall) profitieren also am meisten. An einer ausgewogenen Beteiligung von Vätern und Müttern an Erwerbs- wie auch Sorgearbeit scheint das deutsche Steuerrecht also noch wenig Interesse zu haben. Auch der oft fehlende Wille der Arbeitgeber zum Einsatz moderner Arbeitspolitiken verhindert eine stärkere Einbeziehung von Vätern in die familiäre Sorgearbeit. Während im öffentlichen Dienst die Elternzeit für Väter bereits bis hinein in Führungspositionen eine Normalität darstellt, existieren in der freien Wirtschaft große Unterschiede. Bei selbstständigen und freiberuflichen Vätern sind die Möglichkeiten zur Inanspruchnahme von ElterngeldPlus zwar ebenfalls vom Gesetzgeber vorgesehen, je nach Branche und Größe des eigenen Unternehmens schwankt die Bereitschaft der Väter hier jedoch häufig. Vielleicht muss deshalb der Terminus »aktive Väter« auch noch um die Bereitschaft der Väter erweitert werden, mehr Zeit in die Betreuung ihrer Kinder zu investieren, wie sie sich stark an einem veränderten Freizeitverhalten deutlich macht. Arbeitsfreie Tage werden von den heutigen Vätern bewusst für Aktivitäten mit ihren Kindern geplant.

Oftmals wird der Wunsch geäußert, Deutschland möge sich in seiner Familien- und Arbeitspolitik mehr an den skandinavischen Ländern orientieren. Tatsächlich gibt es beispielsweise in Schweden eine Arbeitskultur, die Besprechungen nach 17 Uhr für alle ablehnt und insgesamt mehr Möglichkeiten zum Homeoffice, sowohl für Väter als auch Mütter schafft. Auch die Flexibilisierung von Arbeitszeiten und das Abschaffen von Kernarbeitszeiten wird dort seit vielen Jahren praktiziert. Interessant ist: Auch bei uns in Deutschland sind sich in Befragungen 60 Prozent der Eltern einig, dass das partnerschaftliche Modell für sie ein tragfähiges Familienmodell ist und beide Partner:innen die Möglichkeit haben sollten, Beruf und Familie zu vereinbaren.[39] Umso fraglicher ist es, warum diese Einigkeit bei der Suche nach Betreuungsmodellen nach einer Trennung nicht mehr gegeben ist und das partnerschaftliche Elternsein hier nicht fortgesetzt wird, natürlich auch wieder begleitet von entsprechenden familienpolitischen Innovationen. Eine solche konsequente Haltung würde im Einklang mit wissenschaftlichen Befunden stehen, die zeigen, wie wichtig das Erleben von väterlicher Fürsorge sowie einer geteilten Fürsorge beider Elternteile für die emotionale, kognitive, aber auch motorische Entwicklung von Kindern ist.[40]

Gerade Kinder und Jugendliche, die eine Trennung der Eltern erleben, reflektieren das Aufwachsen mit beiden Elternteilen als besonders positiv und wichtig für ihre Entwicklung. Im nachfolgenden Kapitel möchte ich daher die Perspektiven von Jugendlichen auf die unterschiedlichen Betreuungsmodelle nach Trennung der Eltern etwas genauer darstellen. Mir ist es wichtig, in meiner Familienforschung immer auch die Kinder selbst zu Wort kommen zu lassen. In unserer Gesellschaft thematisieren wir mittlerweile kindliche Bedürfnisse (glücklicherweise) sehr differenziert, nach wie vor reflektieren und analysieren wir diese aber aus unserer Erwachsenenperspektive. Im folgenden Kapitel wird sich zeigen: Jugendliche sind in der Lage, die Trennung ihrer Eltern sehr facettenreich und differenziert zu betrachten. Und sie wünschen sich eines ganz besonders: endlich mehr Mitspracherechte!

»Für die Trennung kann ich nix, ich möchte gern bei beiden sein.«

Wie schauen Jugendliche auf die Trennung der Eltern und mögliche Betreuungsmodelle?

Zu Beginn dieses Kapitels möchte ich auf eine Studie aus den USA verweisen, die dort bereits im Jahr 1989 veröffentlicht wurde. Daran sieht man, wie viel länger sich andere Länder schon mit alternativen Betreuungsmodellen nach der Trennung von Eltern beschäftigen und hierzu Forschungsarbeiten initiieren. In besagter Studie wurden Kinder im Alter von sechs bis 15 Jahren hinsichtlich der Eltern-Kind-Bindung, insbesondere der Vater-Kind-Bindung, untersucht. Vielleicht ist es wichtig, an dieser Stelle noch einmal darauf hinzuweisen, dass sich Wissenschaftler:innen international darüber einig sind, dass ein gesundes und stabiles Aufwachsen von Kindern dadurch gefördert wird, dass sie mit beiden Elternteilen aufwachsen, also auch nach der Trennung Kontakt zu beiden Elternteilen haben. Das Besondere nun: Es wurden für diese Studie drei Gruppen gebildet. In der ersten Gruppe befanden sich Kinder aus sogenannten intakten Familien, in der zweiten Gruppe waren Kinder, die in Alleinerziehendenhaushalten aufwuchsen (überwiegend von der Mutter erzogen), und in der dritten Gruppe befanden sich Kinder, deren Eltern gemeinsame Elternschaft nach der Trennung praktizierten. Die Grunderkenntnis war hier, dass die Kinder in den intakten Familien die besten Werte hinsichtlich der Eltern-Kind-Bindung, aber eben auch der Vater-Kind-Bindung aufweisen konnten, dicht gefolgt von Kindern im Wechselmodell. Weniger gute Werte wiesen hingegen die Kinder auf, die in Alleinerziehendenhaushalten groß wurden.[41]

Das unbeschwerte Aufwachsen von Kindern wird aber auch dadurch beeinflusst, inwieweit ihre Eltern gestresst sind. Gerade in den ersten Phasen der Coronapandemie und den Lockdowns wurde dies sehr deutlich. In einer Studie zur Situation von Alleinerziehenden, die ich im Dezember 2020 durchführte, berichteten erschreckend viele Alleinerziehende von einer Zunahme ihres Stressempfindens und von einer erheblichen Beeinträchtigung der Eltern-Kind-Beziehung. Kein Wunder: Kinderbetreuungseinrichtungen waren geschlossen, in etlichen Bundesländern wurden Alleinerziehende bei der Notfallbetreuung nicht bevorzugt behandelt und das Homeschooling musste irgendwie neben der Berufstätigkeit gemeistert werden. Je mehr das Stresslevel von Eltern steigt, desto größer wird leider aber auch die Wahrscheinlichkeit, dass es zu Streitigkeiten mit dem Kind kommt, die manchmal auch in körperlichen Auseinandersetzungen gipfeln. Der Umstand, dass die ganze Last der Pandemie im Falle von Alleinerziehenden auf den Schultern einer Person lag und sie permanent mit der Vereinbarkeit von Kinderbetreuung und Erwerbstätigkeit konfrontiert war, führte dazu, dass sich diese Elternteile als gefrustet, depressiv oder eben auch zunehmend ungehalten beschrieben – eine Veränderung, die an Kindern nicht spurlos vorbeigeht.[42] In Krisenszenarien erweist sich die hohe Belastung in alleinerziehenden Familien als besonders nachteilig: für die Kinder, aber auch den betroffenen Elternteil.

Ein unbeschwertes Aufwachsen von Kindern ist dabei heute keinerlei Wunschszenario, sondern gehört zu den Verpflichtungen, die sich die Weltpolitik selbst auferlegt hat. Nicht umsonst existiert heute beispielsweise eine UN-Kinderrechtskonvention. Eben jene

Konvention gesteht in Artikel 9 allen Kindern das Recht auf beide Elternteile zu. Eine Trennung der Eltern darf also nicht dazu führen, dass einem Kind ein Elternteil bewusst vorenthalten wird – Ausnahme bildet lediglich ein kindeswohlgefährdendes Verhalten von Elternteilen. Über das Befinden von Kindern wird gern zwischen Erwachsenen geredet, ohne die Kinder dabei selbst zu Wort kommen zu lassen. Tatsächlich gesteht auch die Rechtslage in Deutschland allenfalls Jugendlichen die Möglichkeit zu, ihre Meinung bei der Trennung der Eltern, etwa zum Umgangs- und Aufenthaltsrecht einzubringen. Laut Familienverfahrensgesetz (FamFG) kann der Kinderwunsch bezüglich des Umgangsrechts ab dem zwölften Lebensjahr des Kindes berücksichtigt werden. Explizit ist dies aber als Kann- und nicht als Muss-Norm niedergeschrieben. Gegen den ausdrücklichen Willen eines Elternteils ist das Kind eigentlich bis zur Vollendung des 18. Lebensjahres machtlos. Erst mit der Volljährigkeit kann es seine Lebensform und dementsprechend auch die Beziehung zu den getrennt lebenden Elternteilen vollständig selbst bestimmen.

Wie stehen Kinder und Jugendliche denn nun aber zu den Betreuungsmodellen, in denen sie leben, vielleicht sogar leben müssen? In einer Teilstudie haben wir uns die Aufgabe gestellt, Kinder und Jugendliche von zwölf bis 18 Jahren zu ihren Erfahrungen und Wünschen zu interviewen. Wir haben uns dafür viel Zeit genommen. Mit Leitfadeninterviews konnten wir den Kids unserer Studie einerseits einen Rahmen geben, in dem sie sich nicht völlig verloren und der ihnen zugleich die Möglichkeit bot, auch darauf hinzuweisen, wenn ihnen bestimmte Themen (zu) nahegingen. Die Kinder und Jugendlichen gewährten uns offene und tiefe Einblicke in ihre Familienstruktur und gingen damit sehr viel weniger befangen um als Erwachsene. Ein ganz zentraler Befund dieser Teilstudie war, dass die Zufriedenheit der Kinder mit dem Betreuungsmodell ganz entschieden davon abhängt, wie sie in die Findungsphase einbezogen wurden und ob sie Möglichkeiten der Mitgestaltung haben. Ebenso ist es für ihre Zufriedenheit sehr wichtig, Kritik am gewählten Betreuungsmodell äußern zu dürfen und Anpassungswünsche mitzuteilen. Gleichzeitig werden sie stets von einer Angst begleitet, einen Elternteil vor den Kopf zu stoßen. Die Jugendlichen reflektieren diese selbst auferlegte Pflicht, beide Elternteile gleichermaßen zufriedenzustellen, als große Herausforderung.

Trennungsprozesse zwingen Kinder zu realisieren, dass eine etablierte und gewohnte Form des Zusammenlebens schiefgelaufen ist, und nicht selten geben Kinder sich selbst die Schuld daran. Ein Mädchen beschreibt die Trennung ihrer Eltern im Interview mit folgenden Worten:

> *»Ich hab mich schon immer wieder gefragt: Warum trennen sich jetzt ausgerechnet meine Eltern? Gestritten haben sie sich wirklich viel, oft aber eben auch über so normale Dinge wie Haushalt oder: Wer macht was oder wer kümmert sich? Und klar haben wir als Kinder dann auch gemerkt, dass es viel Stress war mit uns, mit unseren Sachen … Und klar waren wir auch nicht immer so [macht eine kurze Pause und überlegt] naja, nicht so nett [sie lacht kurz]. Und da war es schon so, dass ich mir gedacht hab: Vielleicht sind wir schuld, vielleicht hätten wir uns anders benehmen müssen und dann wäre es besser gelaufen. Ich war dann schon sehr traurig. Ich konnte aber nicht darüber reden, also ich wollte es erst mal auch nicht, erst später war es okay, darüber zu sprechen.«* (Fünfzehnjährige Jugendliche, lebt seit sieben Jahren im Residenzmodell)

Eine Trennung der Eltern ist, egal wie freundschaftlich sie auch ablaufen mag, immer eine große emotionale Belastung für das

Kind – ganz unabhängig von dessen Lebensalter.[43] Bei den meisten der an unserer Forschung teilnehmenden Jugendlichen liegt die Trennung der Eltern über fünf Jahre zurück. Der Großteil war noch im Kindergarten bzw. Grundschulalter, als sich die Eltern trennten. Diese Forschungsarbeit machte noch einmal deutlich, wie unterschiedlich Kinder auf die Trennungsankündigung reagieren. Manche können sich noch nach Jahren exakt an den Tag und den Ablauf des Gesprächs erinnern:

> *»Okay. Also wir haben auf dem Balkon gesessen, haben gerade unseren leckeren Döner gegessen, den es immer nach dem Urlaub gibt. Ja, und da haben sie mir halt mitgeteilt, dass sie sich gegenseitig nicht mehr lieben.«* (Dreizehnjähriger Jugendlicher, lebt seit zwei Jahren im Wechselmodell)

Andere Kinder hingegen wissen, dass es ein gemeinsames Gespräch mit den Eltern gegeben hat, haben den Inhalt und ihre darauffolgende Reaktion aber völlig verdrängt.

> *»Aber das war jetzt nicht so überraschend. Also für mich war es natürlich … oder für uns war es natürlich alle blöd, aber es war … es hat sich halt so angedeutet. Aber ich kann mich nicht mehr erinnern, ob ich das wirklich an dem Tag selber mitbekommen habe und was da gesagt wurde.«* (Sechzehnjähriger Jugendlicher, lebt seit sieben Jahren im Wechselmodell)

In den beschriebenen Situationen wurde die Trennung zu einem gewissen Zeitpunkt jedoch deutlich kommuniziert. Auch wenn die Kinder anfangs teilweise traurig oder wütend waren, wurde im Nachhinein der Umstand, dass sich beide Elternteile bewusst mit ihnen hingesetzt haben, positiv honoriert und als Erleichterung empfunden. Ganz anders stellt sich die Situation hingegen bei einem Kind dar, bei dem es kein klärendes Gespräch gab. Zwar deuteten die Eltern immer wieder eine Trennung an, zogen sie dann aber nicht durch. Für das Kind bedeutete diese Unklarheit eine große Herausforderung, die Zukunft war wenig kalkulierbar, die Stimmung in der Familie entsprechend belastet. Dies blieb nicht ohne Folgewirkungen für das Wohlergehen des Kindes – wie im folgenden Ausschnitt aus einem unserer Interviews deutlich wird:

> *»Und so dieses …, dass es so auf der Kippe steht die ganze Zeit oder, dass es ja eigentlich nur als so eine Übergangsphase gedacht war, weil die halt so ausgedehnt wurde, das hat mich zumindest mega angestrengt.«* (Sechzehnjährige Jugendliche, lebt seit drei Jahren im Nestmodell)

Allerdings erreichen auch diese Kinder irgendwann einen Punkt, an dem sie realisieren, dass die Eltern nicht mehr zusammenkommen werden. Sie hinterfragen meist sehr kritisch, was dies für sie bedeutet. Hier zeigen die Studienergebnisse deutlich: Kinder und Jugendliche möchten von beiden Elternteilen in einem gemeinsamen Gespräch über die Trennung informiert werden, mehr aber auch nicht. Mit den Konflikten der Eltern möchten sie eigentlich nichts zu tun haben. Die Jugendlichen unserer Studie rechnen es ihren Eltern hoch an, wenn sie sie aus den Streitigkeiten weitgehend herausgehalten haben:

> *»Ich glaube, der Punkt, wo ich stolz auf meine Eltern bin, weil ich halt nicht mitbekommen hab, wie schwer das für die war, sich zu trennen: Also, die haben immer einen Fokus darauf gelegt, dass es uns gut geht.«* (Siebzehnjähriger Jugendlicher, lebt seit mehreren Jahren im Wechselmodell)

Sie wollen darüber hinaus ab einem bestimmten Lebensalter unbedingt in die Planung des weiteren getrennten Familienlebens einbezogen werden. Ihre Vorstellungen sollen Platz finden und das Getrenntleben erst einmal ausprobiert werden. Dies ist bei vielen Familien aber nicht der Fall. Die Forschung zeigt hier, dass die Eltern zu oft wenig Spielraum für das Ausprobieren der verschiedenen Modelle zeigen, sondern im Vorfeld festlegen, wie das neue Leben aussehen soll und an diesem Plan dann auch festhalten. Für die Kinder ist dies eine unerträgliche Vorstellung. Viele Jugendliche betonen, wie wichtig es für sie gewesen wäre, von ihren Eltern die Sicherheit zu bekommen, dass sie nach einer Probephase gefragt werden, ob sie mit dem jeweiligen Betreuungsmodell zufrieden sind.

> *»Bis heute weiß ich nicht, wie wir vom Wechselmodell, das ich und mein Bruder total gut fanden, dazu gekommen sind, dass wir meinen Papa jetzt nur noch alle zwei Wochen sehen [sie schluckt schwer]. Da erzählt auch jeder was anderes, meine Mutter sagt, mein Vater wollte das so, mein Vater sagt, meine Mutter lässt uns nicht öfter kommen [sie räuspert sich und schluckt schwer]. Ganz ehrlich, es hätte ja auch mal jemand uns Kinder fragen können, ob wir das gut finden, das macht aber niemand. Sondern da wird einfach gesagt, jetzt ist es alle zwei Wochen. Und dann sagt meine Mutter, ist doch toll, da haben wir jetzt mehr Zeit für uns. Und mein Vater ist immer total traurig und sagt, das ist blöd, da haben wir zu wenig Zeit für uns. Und ich [sie schluckt schwer], ich weiß dann nie, was ich sagen soll. Und mal ehrlich, ich hab immer gedacht, dass man ab zwölf ein Recht hätte zu entscheiden, was man will als Kind. Aber mich fragt niemand.«*
> (Vierzehnjährige Jugendliche, lebt seit einem Jahr im Residenzmodell, lebte zuvor drei Jahre im Wechselmodell)

Tatsächlich spricht das Mädchen ein sensibles Thema an, denn Kinder haben durchaus das Recht, im Trennungsprozess, aber auch insgesamt beim Aufwachsen in getrennten Elternhaushalten, ihre Meinung einzubringen. Hier die wichtigsten Infos dazu:

Eine gesetzliche Altersgrenze, ab wann ein Kind selbst darüber bestimmen darf, wo und wie es aufwachsen möchte, gibt es nicht. Dies ist stets eine Einzelfallentscheidung. Ein Richtwert ist aber das Alter ab zwölf Jahren.

Die meisten Familiengerichte gehen davon aus, dass ab dem zwölften Lebensjahr der Kindeswille beachtet werden muss und bei der Entscheidungsfindung zu Betreuungsmodellen Gewicht hat. Dies gilt einerseits in Situationen, in denen ein Elternteil beispielsweise den Kontakt zum anderen Elternteil unterbinden möchte oder im Alleingang ein neues Betreuungsmodell umsetzen will. Andererseits gilt dies aber auch, wenn das Kind vehement den Umgang mit einem Elternteil verweigert und keinen Kontakt zulässt. Dann muss auch hier das Kind vom Gericht gehört werden und das Gericht muss die dezidierte Weigerung des Kindes in seine Entscheidungsfindung einbeziehen.

Gleichwohl gilt hier der Grundsatz: Kindeswille ist nicht immer Kindeswohl. Die Familiengerichte sind angehalten, durch die Bereitstellung von Familienhilfen, zum Beispiel durch einen begleiteten Umgang, den Kontakt zwischen Kind und Elternteil wiederherzustellen (immer unter der Prämisse, dass der Elternteil das Kindeswohl nicht gefährden würde).

Eine alleinige Entscheidungsmacht bezüglich der Regelung des Umgangs mit Vater und Mutter haben die Kinder aber bis zu ihrer Volljährigkeit nicht.

Betrachtet man nationale und internationale Befragungen von Kindern zum Thema Aufwachsen und Glücklichsein, so zeigt sich eines deutlich: Familie und Glücksempfinden weisen bis in die Phase des jungen Erwachsenenalters die höchste Korrelation auf. Dabei spielen die Familienmodelle eine nur untergeordnete Rolle. In einer österreichischen Studie gaben 85 Prozent der befragten Kinder, die in Einelternfamilien groß wurden (also im klassischen Residenzmodell oder ohne Bezug zum zweiten Elternteil) an, glücklich zu sein, demgegenüber gaben 90 Prozent der befragten Kinder, die in Zweielternfamilien aufwuchsen, an, glücklich zu sein. Der Unterschied beträgt also in Summe lediglich fünf Prozentpunkte. Ein bedeutsames Ergebnis in dieser, aber auch anderen Studien war jedoch, dass Kinder das Glücklichsein in einen engen Zusammenhang damit brachten, ob es Streit oder ein friedliches Zusammensein in der Familie gibt und ob sie sich in ihrer jeweiligen Familienkonstellation geborgen fühlen können. Dies unterstreichen auch die Ergebnisse unserer Interviews mit den Kindern und Jugendlichen. In allen Gesprächen wurde deutlich, dass nicht das Modell entscheidet, wie glücklich die Kinder sind, sondern ob sie sich in diesem Modell geborgen fühlen.

Vergleicht man Residenz- und Wechselmodell, dann trägt das Wechselmodell eher dazu bei, dass eine gute Beziehung zu beiden Elternteilen gepflegt werden kann. Bei manchen Jugendlichen ist die Beziehung zu einem Elternteil zwar inniger oder freundschaftlicher geprägt als zum anderen. Aber alle Jugendlichen im Wechselmodell unterstreichen die Tatsache, dass sie sich glücklich fühlen, trotz Trennung beide Elternteile an ihrer Seite zu wissen.

»Naja, ich würde jetzt nicht sagen, dass sich die Beziehung im Kern verändert hat zu den beiden. Also, ich bin ja auch älter geworden und ich verbringe halt jetzt nicht mehr so viel Zeit wie früher mit ihnen,

aber mit meinem Dad, also mit meinem Vater bin ich auf einer sehr sehr … also er erzieht mich schon, aber wir sind auch auf so einer freundschaftlichen Ebene, die super funktioniert. Und bei meiner Mutter ist es eigentlich dasselbe, da gibt es nicht großartig Schlimmes.« (Fünfzehnjähriger Jugendlicher, lebt seit sechs Jahren im Wechselmodell)

Auf die Frage, welches Betreuungsmodell am ehesten ihre Wünsche nach einem normalen Aufwachsen mit beiden Elternteilen erfüllt, gaben nahezu alle befragten Jugendlichen das Wechselmodell an. Die Teilhabe der Eltern an ihrem Leben, die Möglichkeit, den Alltag mit beiden Elternteilen zu erleben und sich weniger zerrissen zu füllen, scheint das Wechselmodell mehr als das Residenzmodell erfüllen zu können.

Dabei räumten die Jugendlichen in unserer Wechselmodellstudie auch ganz bewusst mit Vorurteilen auf. Das Bild des Kindes, das auf gepackten Koffern sitzt und mit seinem gesamten Hab und Gut permanent umziehen muss, empfindet ein Großteil der von uns befragten Jugendlichen als ungerecht gegenüber den Eltern, die sich alle Mühe geben, das Modell so reibungslos wie nur möglich durchzuführen. Ein Mädchen erzählte auf die Frage, welche Sachen sie denn immer von Mama zu Papa umziehen müsse, Folgendes:

»Wir wechseln nur mit unserm Schulzeug und mit den privaten Sachen, die wir immer brauchen. Wir stellen zusammen, was wir brauchen. Und dann holt das ein Elternteil ab. Wir müssen noch nicht mal das Zeug rüberbringen.« (Siebzehnjährige Jugendliche, lebt seit mehreren Jahren im Wechselmodell)

Checkliste der Betreuungswünsche der Kinder und Jugendlichen

Wir fragten die Jugendlichen nach ihren Wünschen hinsichtlich der Betreuung durch die getrennten Eltern. Wichtig ist ihnen eine gemeinsame Alltagsgestaltung mit beiden Elternteilen, wie sie das Wechselmodell ermöglicht, wenn bestimmte Punkte erfüllt sind. Hier die entsprechenden Wünsche der Jugendlichen:

- Jugendliche möchten nicht in die Konflikte zwischen den Eltern einbezogen werden. Gerade den Heranwachsenden ist es wichtig, dass die Ebene der Erziehung klar von den Paarkonflikten getrennt wird. So wünschen sich Jugendliche, deren Eltern hochstrittig sind und keine einvernehmliche Kommunikationslinie finden können, oftmals eigene Beratungsstellen, um mit dieser angespannten Situation besser zurechtzukommen.

  »*Es ist halt einfach ein Verbindungsstück, dieses Kind, und das ist einfach nichts, was man dann einfach … als Brücke oder als Lastentier benutzen sollte. Man sollte lieber wirklich diese Verbindung nutzen, um das gute Verhältnis zu bewahren, das man hatte, als die Kinder entstanden sind, hoffentlich (lacht). Das müsste man beibehalten und nicht die Kinder als Lasttier, sondern als Chance sehen, das gute Verhältnis wiederaufzubauen oder beizubehalten.*« (Siebzehnjährige Jugendliche, lebt seit mehreren Jahren im Wechselmodell)

- Die Jugendlichen wollen sich in den Wohnungen beider Elternteile wohlfühlen. Insgesamt kommen die meisten der Befragten gut klar damit, zwei Elternhäuser zu haben, sie müssen sich dort aber auch wohlfühlen dürfen. In unseren Interviews finden die Jugendlichen hierzu deutliche Worte: Ein Zuhause wird eng verknüpft mit der dortigen Atmosphäre und dem Gefühl, geliebt und versorgt zu werden. Geborgenheit entsteht für die Jugendlichen einerseits dort, wo es Rückzugsmöglichkeiten in Form eines eigenen, liebevoll gestalteten Zimmers gibt. Andererseits wollen sie von den Eltern aber auch nicht vorgeschrieben bekommen, welche Wohnung als Zuhause betrachtet werden darf und welche nicht. Viele Jugendliche nehmen sich bewusst die Freiheit, die Zimmer bei Vater und Mutter ganz unterschiedlich zu gestalten.

»Ich versuch auch grad rauszufinden, was für mich der beste Wechselmodus ist, einfach für mich selbst, ohne meine Schwester, ohne Mama, ohne Papa, einfach nur: Wie fühle ich mich am besten, ganz auf mein Zimmer bezogen? Also auch gar nicht: Bei wem fühle ich mich besser? Sondern: In welchem Zimmer fühle ich mich wohl? Natürlich auch mit wem, aber vor allem in welchem Zimmer.« (Siebzehnjährige Jugendliche, lebt seit mehreren Jahren im Wechselmodell)

- Der Kontakt zu dem Elternteil, bei dem man gerade nicht wohnt, soll dennoch erlaubt sein und vom anderen Elternteil auch unterstützt werden. Telefonate, Handychats oder auch kurze Besuche bewahren viele Kinder und Jugendliche vor emotionaler Überforderung. Denn: Kinder machen sich permanent Sorgen um ihre Eltern. Sie wollen wissen, ob es Mama und Papa gut geht, wenn sie nicht bei ihnen sein können.

»Meine Eltern verstehen sich auch wieder sehr gut, die tauschen sich auch ständig über uns Kinder aus und wir hören sie auch immer, das ist kein Problem.« (Fünfzehnjähriger Jugendlicher, lebt seit sechs Jahren im Wechselmodell)

- Eine Flexibilität des Wechselmodells sollte gegeben sein. Gerade Geschwisterkinder wünschen sich Zeiten, an denen sie nicht immer gemeinsam zwischen den Elternteilen wechseln, sondern manchmal auch versetzt. Ebenso wie in zusammenlebenden Familien brauchen Geschwisterkinder ihre Eltern ab und an ganz für sich allein.

  »Ja, also ich habe da auch ziemlich viel Freiraum, ich kann auch mal sagen, dass ich eine Woche länger da sein möchte. Ich bin da ziemlich frei. Meiner Schwester möchte das oft nicht, dann geht sie halt vorher, das ist ganz entspannt bei uns.« (Sechzehnjähriger Jugendlicher, lebt seit zehn Jahren im Wechselmodell)

Ein neuer Partner oder eine neue Partnerin soll die Beziehung zwischen Kind und Elternteil nicht nachhaltig stören. Eine neue Partnerschaft wird von Jugendlichen oftmals als Bewährungsprobe für das Wechselmodell empfunden, insbesondere dann, wenn diese neue Person auch in den Haushalt des Elternteils einzieht. Die Jugendlichen unserer Studie waren hier ebenso ehrlich wie schonungslos.

»Also vom Mögen her … eher nicht. Ich kann sie eigentlich nicht leiden. Sie … sie ist halt anders. Ich bin anders aufgewachsen und sie ist halt irgendwie, ja, ich würde sagen an-

ders und das ist halt irgendwie nicht so gut.« (Dreizehnjähriger Jugendlicher, lebt seit zwei Jahren im Wechselmodell)

Tatsächlich führt ein neuer Partner, eine neue Partnerin eines Elternteils bei Kindern und Jugendlichen manchmal zu dem Wunsch, das Wechselmodell aufzugeben und Zuflucht bei dem Elternteil zu suchen, der ohne Partner:in lebt. Während einige Kinder mit dem Einzug eines neuen Partners nicht zurechtkommen, sich zurückgesetzt fühlen und das Wechselmodell aufgeben wollen, beschreiben andere – nach einer Phase des gegenseitigen Kennenlernens – die Existenz eines neuen Partners als große Bereicherung und als Grund, sich noch mehr über das Wechselmodell zu freuen, weil es zu einer Familienerweiterung kommt.

»Mit dem neuen Partner komme ich sehr gut klar. Also, ich sehe den jetzt nicht so als zweiten Vater, ich sehe ihn eher so quasi als Freund. Natürlich auch eine Vaterfigur, aber wir sind immer freundlich zueinander, wir haben Spaß zusammen, wir können über alles reden. Das ist kein Problem.« (Fünfzehnjähriger Jugendlicher, lebt seit sechs Jahren im Wechselmodell)

Ebenso berichten aber auch Kinder, die erst einmal aus dem Wechselmodell herausgegangen sind, nach einer Phase der Annäherung und der Akzeptanz der neuen Partnerschaft aber wieder ins Wechselmodell zurückgefunden zu haben.

- Das Wechselmodell soll der Selbstständigkeit von Jugendlichen nicht im Weg stehen. Gerade Jugendliche brauchen die Bindung zu ihrer Peergroup. Treffen mit

Freund:innen, Partys und Unternehmungen sind wichtig, um selbstständig zu werden. Das Wechselmodell darf diese Selbstständigkeit nicht behindern. Das Beharren auf gemeinsamen Aktivitäten oder auf starre Wechsel führt aus Sicht der Jugendlichen oftmals an ihrer Lebensrealität vorbei und bringt viel Stress und Streit mit sich. Ein gelingendes Wechselmodell bedeutet für ältere Kinder deshalb auch, dass die Elternteile nicht zu weit voneinander entfernt wohnen, damit der Freundeskreis konstant erhalten bleiben kann und greifbar ist.

Jugendliche, die auch vor der Trennung der Eltern überwiegend nur eine Bezugsperson hatten, etwa weil ein Elternteil beruflich häufig weg war, tun sich schwerer mit dem Übergang in ein Wechselmodell als solche, die von Geburt an daran gewöhnt waren, dass sich die Eltern abwechselnd um sie gekümmert haben. Manche Jugendliche fühlen sich in ein Modell geworfen, in dem sie den vertrauten Elternteil verlieren und sich mit dem weniger vertrauten Elternteil arrangieren müssen. Besonders dramatisch ist die Situation, wenn sie das Gefühl haben, dass nicht sie im Mittelpunkt der elterlichen Betreuungssituation stehen, sondern dass andere Dinge wie die Organisation der Arbeit, elterliche Verpflichtungen oder gar Hobbys ausschlaggebend dafür sind, bei wem sie zukünftig leben sollen oder ob sich die Eltern weiterhin gemeinsam um sie kümmern. Wenngleich ein Großteil der älteren Jugendlichen versteht, dass berufliche Verpflichtungen oftmals vor individuellen Entscheidungen stehen, wünschen sie sich, dass vermehrt auch ihr Wohlbefinden bei Trennungsüberlegungen und im »Leben danach« einbezogen wird.

Wenn Sie sich unsicher sind, wie Sie mit älteren Kindern und Jugendlichen über die Betreuungssituation nach der Trennung sprechen könnten oder wie Sie sie auch in spätere Betreuungsplanungen einbeziehen können, dann helfen Ihnen vielleicht die folgenden Tipps.

Tipps zur besseren Einbeziehung von älteren Kindern und Jugendlichen in die Betreuungsregelung

- Viele größere Kinder und Jugendliche erstellen gern Listen mit Vor- und Nachteilen des jeweiligen Betreuungsmodells. Hier haben sie das Gefühl, dass sie sich weniger rechtfertigen müssen. Bitten Sie Ihr Kind, eine solche Liste zu erstellen, nehmen Sie sich genug Zeit, um in Ruhe über diese Liste nachzudenken, und sprechen Sie dann mit Ihrem Kind über sein Pro und Contra. Überlegen Sie miteinander, ob es Dinge sind, die Sie gemeinsam umgestalten können oder ob der andere Elternteil hinzugezogen werden muss.

- Viele Kinder werden von ihren getrennt lebenden Eltern angehalten, ihre Wünsche und Sichtweisen direkt an den anderen Elternteil weiterzugeben. Dies schaffen aber selbst Jugendliche nur bedingt. Zum einen ist dies altersabhängig, zum anderen brauchen sie den Rückhalt ihrer Eltern. Man muss also die Wünsche der Kinder durchaus an den anderen Elternteil kommunizieren und darf sich hier nicht raushalten. Andererseits ist es notwendig, die Wünsche der Kinder als deren reale Wünsche und nicht als mögliche Beeinflussungsversuche des anderen Elternteils anzuerkennen.

Kurz: Sie müssen als Eltern darauf vertrauen können, dass Sie sich gegenseitig wirklich die Wünsche der Kinder und nicht elterliche Interpretationen mitteilen. Gemeinsame Elternschaft kann nur funktionieren, wenn eine solche Vertrauensbasis gegeben ist. Für die Kinder bedeutet eine solche Basis eine enorme Erleichterung. Sie wissen dann, dass sie für ihre Wünsche nicht allein kämpfen müssen.

- Gerade ältere Kinder, vor allem aber Jugendliche müssen das Gefühl haben, dass sie sich von ihrer Familie abnabeln und sich verstärkt ihrer Peergroup zuwenden dürfen. Veränderungswünsche von Jugendlichen sind meist darauf fokussiert, mehr Zeit und Freiräume für das Zusammensein mit Freunden zu bekommen. Dies ist ein völlig natürlicher Wunsch, der für den menschlichen Sozialisationsprozess immens wichtig ist. Die Familienform darf diesem Erwerb von Selbstständigkeit nicht im Weg stehen. Insofern sollten bei der Betreuungsplanung nicht nur Familienfeierlichkeiten oder feststehende Freizeitaktivitäten berücksichtigt werden, sondern auch die Tatsache, dass das Kind mal etwas ohne Familie und nur mit den Freunden unternehmen möchte.

- Insbesondere bei der Ferienplanung werden Jugendliche manchmal von ihren getrennt lebenden Elternteilen überfordert. Man will es besonders gut machen und verplant die gemeinsame Zeit mit tollen Urlauben. Ältere Kinder oder Jugendliche möchten oftmals aber lieber an Jugendfreizeiten, Zeltlagern oder anderen Reiseformaten für ihre Altersgruppe teilnehmen und schlagen dafür den elterlichen Urlaub aus – zumal Kinder getrennter Eltern oftmals doppelt Urlaub machen. Auch wenn es schmerzt: Freuen Sie sich, dass Ihr Kind diesen Weg geht und versuchen Sie, eine ausgewogene Planungsform zu finden. Ich selbst habe mit dieser Form der Offenheit bei meinem jetzt fünfzehnjährigen Sohn gute Erfahrungen gemacht. Er durfte seine Auszeiten planen, gleichwohl habe ich ihm erklärt, dass ich eine Ferienzeit im Jahr gern immer mit ihm verbringen möchte. Seit drei Jahren sind das nun bei uns die Herbstferien. Hier ist klar, dass wir etwas zu zweit unternehmen, damit wir Zeit für gemeinsame Gespräche und gemeinsame Erlebnisse haben.

»Will jetzt aber Papa haben!«

Wie kommen kleine Kinder mit der Trennung ihrer Eltern zurecht?

In unsere Studie haben wir vor allem die Perspektiven älterer Kinder und Jugendlicher untersucht. Die Befragung kleiner Kinder ist tatsächlich sehr voraussetzungsvoll und unterliegt zudem strengen ethischen und moralischen Richtlinien. Dies ist wichtig, da man mit solchen Forschungsvorhaben Kinder keinesfalls traumatisieren will. Auch die Jugendlichen unserer Studie hatten jederzeit die Möglichkeit, sich im Interviews Auszeiten zu nehmen oder Fragen nicht zu beantworten. Kleinere Kinder wollen es aber oft besonders gut machen und beantworten fast alle Fragen. Das Verantwortungsbewusstsein muss hier also klar auf der Seite der Forschenden liegen. Dies ist sicherlich ein Grund, warum es bislang nur sehr wenige Studien gibt, die kleinere Kinder direkt in die Forschung zu Nachtrennungsmodellen einbeziehen. Ein anderer Grund ist die fehlende Reflexionsfähigkeit kleinerer Kinder. Sie haben noch Probleme, zeitliche Abfolgen darzustellen oder Situationen in übergeordnete Kontexte einzubeziehen. Insofern ist es oft sehr herausfordernd, das Gesagte objektiv und richtig einzuordnen. Bereits in den vorangegangenen Kapiteln sollte aber deutlich geworden sein, dass das Lebensalter der Kinder eine große Rolle dabei spielt, welche Details der Trennung man ihnen zumuten und welche Mitspracherechte man ihnen gewähren sollte. Die Wahl des Betreuungsmodells erfordert eine breitere Analyse. Zum Lebensalter kommt auch der Faktor der Bezugsperson hinzu.

Ein kleines Kind, das zu beiden Elternteilen von Geburt an eine sehr enge Beziehung hat, kann ein Wechselmodell wahrscheinlich ohne größere Probleme verkraften. Gibt es hingegen eine asymmetrische Beziehungsstruktur zu den Eltern, dann ist ein Wechselmodell aus meiner Sicht bei kleinen Kindern nicht immer das erste Mittel der Wahl.

»Will jetzt aber Papa haben!« ist ein klassischer Satz aus den Interviews mit getrennten Eltern kleiner Kinder. Vor allem Kinder im Kleinkindalter handeln sehr affektbezogen und haben eine hohe Bedürfnisorientierung. Wenn es ihnen schlecht geht, sie zum Beispiel hingefallen sind und Papa bisher alle Wunden versorgt hatte, dann werden sie das auch nach der Trennung so wollen. Für sie ist es schwer nachvollziehbar, warum Papa in dieser Situation nicht bei ihnen sein kann. Da helfen auch keine langwierigen Erklärungen, sondern nur gezieltes Handeln. Ein Griff zum Telefon, ein Skype-Gespräch oder Face-Time können dabei schon kleine Wunder bewirken. Papa kann dann aus der Ferne trösten und helfen, die Tränen zu trocknen.

Grundsätzlich ist es vielleicht wichtig zu wissen, dass Kinder im Alter von drei bis sechs Jahren eine ganz andere Sicht auf die Beziehung zu Mama und Papa haben als größere Kinder. Im Kindergartenalter wird die Beziehung zu den Eltern wesentlich über die eigene Bedürfnisbefriedigung definiert. Soll heißen: Wenn ein Kindergartenkind mit Mama oder Papa kuscheln will und sie sind permanent nicht verfügbar, dann wertet das Kind dies als Liebesentzug. Einem so jungen Kind zu erklären, dass sie aufgrund der Trennung oder beruflicher Verpflichtungen nicht da sein können, wird erst einmal nichts bringen. Das Kind kann sein Bedürfnis nach Nähe nicht stillen und reagiert entsprechend verunsichert. Da in diesem Alter die Reflexionsfähigkeit noch nicht gegeben ist, reagieren Kinder stark ichbezogen. Die Abwesenheit eines Elternteils führen sie auf sich selbst zurück und geben sich oftmals die Schuld. Bei vielen Kindern dieser Altersgruppe tritt dementsprechend nach einer Trennung der Eltern auch eine Verhaltensänderung ein, je nach Naturell des Kindes: Manche werden still, andere weinerlich, wieder andere aggressiv. Viele Eltern reagieren darauf mit dem Satz: »Selbstverständlich habe ich dich lieb, auch wenn wir uns nicht mehr so oft sehen«. Ein Kind im Kindergartenalter gibt jedoch wenig auf solche Sätze. Es fordert Taten. Insofern ist es unbedingt notwendig, dass beide Elternteile gerade bei Kindergartenkindern möglichst oft und abwechselnd für das Kind da sind. Nur auf diese Weise kann sein Vertrauen wachsen und es wird für sich erkennen, dass sich trotz der Trennung für seine Bedürfnisbefriedigung wenig verändert.

Leider reagieren viele Eltern in akuten Trennungssituationen genau gegensätzlich. Der Vater eines Kindergartenfreundes meiner Tochter berichtete mir beispielsweise völlig verzweifelt, dass sich die Mutter während der Papa-Tage nicht beim Kind melden würde. Als Folge leide der kleine Sohn unter Schlafstörungen und regelrechten Panikattacken. Da ich die Mutter gut kannte, sprach ich sie auf diese Situation an. Sie war tatsächlich völlig überrascht. In ihrer Logik hatte sie das Kind beim Vater nicht stören und nicht verwirren wollen. Sie wollte dem kleinen Sohn die Sehnsucht nach ihr ersparen und nahm sich deshalb extrem zurück. Als ich ihr die Sichtweise eines Kindergartenkindes detailliert erklärte, war sie tief erschüttert und änderte ihr Verhalten dementsprechend. Dennoch berichtete mir der Vater, dass es der Unterstützung eines Kinderpsychologen bedurfte, um das Vertrauen zwischen Sohn und Mutter wiederaufzubauen.

Im Grundschulalter ist es für viele Kinder wichtig, möglichst umfassende Informationen über die Ausgestaltung der Trennung zu bekommen. Dabei decken sich die Kinderfragen nicht immer mit dem, was wir Erwachsenen für relevant halten. Dennoch ist es wichtig, alle Fragen genau zu beantworten! Meine kleine Tochter wollte beispielsweise zu Beginn unseres Wechselmodells jeden Abend am Telefon von mir wissen, was ich den ganzen Tag gemacht habe, was ich gegessen habe und welche Kleidung ich getragen habe. Für sie war es immens wichtig, sich ein genaues Bild von meinem Tagesablauf machen zu können. Erzählte ich von Speisen, die sie auch mochte, dann war sie zufrieden mit mir. Berichtete ich von Speisen, die sie gar nicht gern aß, dann war sie immer froh, an diesem Tag nicht bei mir gewesen zu sein. In ihrer kindlichen Logik konnte sie sich durch die Beantwortung der Fragen sehr gut damit abfinden, dass wir uns an diesem Tag nicht gesehen hatten. Sie wusste ja trotzdem über alles Bescheid. Übrigens schreibt mit mein jetzt fünfzehnjähriger Sohn noch immer täglich Nachrichten, wenn er bei seinem Vater ist, und fragt mich, was ich gerade mache …

Wem es schwerfällt, alle Fragen der Kinder offen zu beantworten, darf die Trennung trotzdem nicht zu einem Tabuthema werden lassen. Auch mit Kindergartenkindern, besonders aber ab dem Grundschulalter finden Kinder es besorgniserregend, wenn sie von ihren Eltern gar nichts über die Trennung hören. Es gibt mittlerweile sehr gute Bilder- und Kinderbücher, die man hier integrieren kann. Durch das gemeinsame Lesen ergeben sich auf jeden Fall Anknüpfungspunkte für ein Gespräch über die Trennung der Eltern. Mir persönlich gefällt besonders gut das Buch *Wir bleiben eure Eltern!* von Julia Volmert. Es geht sensibel auf die Ängste und Unsicherheiten kleinerer Kinder ein und vermittelt trotzdem eine positive Grundhaltung und einen zuversichtlichen Blick in die Zukunft. 2021 erschienen ist das Buch *Mama zieht aus* von Sigrun Eder. Hier werden genau die Fragen gestellt, die für Kinder wichtig sind – und natürlich auch beantwortet.

Die Studie Familienmodelle in Deutschland (FAMOD) der Universität Duisburg-Essen ergab, dass gerade für Kinder im Alter zwischen sieben und 14 Jahren das Wechselmodell die Zufriedenheit und das Glücksempfinden der Kinder wesentlich erhöht – wenn die Beziehung zwischen den Elternteilen gut ist. Gerade ein flexibel gehandhabtes Wechselmodell, das nicht auf einer starren 50:50-Regelung besteht, sondern auch Spielräume für mehr Zeit bei beiden Elternteilen zulässt, gibt Kindern dieser Altersgruppe die Möglichkeit, ein grundlegendes Vertrauen in Mama und Papa zu entwickeln.

Außer Acht lassen darf man natürlich nicht, dass sich auch bei kleineren Kindern Lebensphasen und Lebensmittelpunkte verändern. Gerade der Schuleintritt verändert die Tagesplanung vieler Kinder erheblich. Nach der Grundschule wird ein Großteil der Kinder in Horten oder der Mittagsbetreuung aufgefangen. Hier gibt es Freizeitangebote, die Kinder sehr gern wahrnehmen. Oftmals kooperieren die Betreuungseinrichtungen mit Sportvereinen oder Musikschulen, um hier zusätzliche Nachmittagsangebote zu machen. Sollte Ihr Kind den Wunsch äußern, an ausgewählten Angeboten teilzunehmen, und dies würde zu Lasten Ihrer Betreuungszeit gehen, dann kann ich nur empfehlen, das eigene Bedauern über die vermeintlich verlorene Zeit hintenan zu stellen. Denn Ihr Kind kann sich nur mit dem Gefühl Ihres Rückhalts voll entfalten. Wichtig ist auch hier: Bleiben Sie mit Ihrem Kind, aber auch dem Ex-Partner oder der Ex-Partnerin im Gespräch. Vereinbaren Sie Probephasen, wenn Sie sich mit bestimmten Dingen nicht sofort wohlfühlen. Selbstverständlich muss es nach solchen Probephasen auch die Möglichkeit geben, Dinge zu verändern, wenn man erkennt, dass sich etwas nicht bewährt hat. Grundsätzlich braucht es für eine gemeinsame Elternschaft immer eine große Veränderungsbereitschaft, damit alle Beteiligten sich gut damit fühlen. Wie man den Wohlfühlfaktor zusätzlich berücksichtigen kann, zeigen die verschiedenen Best-Practice-Tipps von getrennten Eltern im nächsten Kapitel.

»Gemeinsame Elternschaft kann gelingen!«

Tipps und Tricks von getrennten Eltern

Ehe wir in dieses wichtige Best-Practice-Kapitel einsteigen, scheint es mir wichtig, noch einmal darauf zu verweisen, dass es einen One-Best-Way der gemeinsamen Elternschaft nach einer Trennung nicht geben kann. Einfach deshalb nicht, weil wir Menschen sehr unterschiedlich sind und die Gründe für Trennungen vielfältig. Was bei manchen Familien klappt, kann bei anderen durchaus verpuffen. Dennoch gibt es bestimmte Dinge, die sich bei sehr vielen getrennt lebenden Familien als sehr gut umsetzbar erwiesen haben. Leider scheint es mir zunehmend so zu sein, dass sich die Medien darauf spezialisiert haben, über gescheiterte Eltern und Familienformate zu berichten. Über diejenigen getrennten Eltern, die es schaffen, trotzdem gemeinsam Eltern für ihre Kinder zu bleiben, wird aus meiner Sicht viel zu wenig gesprochen. Wie so oft bringt die mediale Darstellungsform ein sehr schiefes Bild mit sich: Man glaubt, dass Eltern, die es – auf ihre ganz eigene Art – schaffen, auch nach der Trennung gemeinsam für ihre Kinder da zu sein, in der absoluten Minderheit wären. Dabei stimmt das nicht. Es ist eher so:

> Wo es keine Probleme gibt oder Eltern es schaffen, miteinander im Gespräch zu bleiben, da laufen die Familienmodelle eher im Verborgenen. Dort aber, wo es multiple Pro-

> blemlagen gibt und die getrennten Eltern keinen Zugang zueinander finden, suchen sie natürlich auch ganz gezielt nach Lösungsmöglichkeiten, gehen an die Öffentlichkeit, kommentieren Fachbeiträge oder chatten in spezifischen Foren.

Ganz bewusst will ich mit diesem Kapitel einen Gegentrend setzen. Im Laufe meiner Forschung habe ich viel von den Familien gelernt, die gemeinsame Elternschaft nach der Trennung praktizieren. Es sind also nicht meine theoretischen Tipps, sondern deren konkrete und sehr praktische Beispiele, die hier vorgestellt werden.

Tipp 1: Das Bild der starken Eltern nicht aufgeben

Eine Paartrennung resultiert in erster Linie aus Problemen auf der Paarebene. Diese sind ebenso vielfältig wie komplex. Eine gemeinsame Elternschaft bietet sich dann an, wenn die beiden Elternteile sich in ihrer Rolle als Eltern bisher geschätzt haben und weiterhin schätzen. Es ist wichtig, sich genau dies bei der Trennung vor Augen zu halten. Oftmals ist man so damit beschäftigt, die Paardefizite aufzuarbeiten, dass man sich überhaupt keine Gedanken über die Elternrolle macht. Schätzt man den Partner bzw. die Partnerin als Elternteil? Wenn man diese Frage bejahen kann, dann ist eine gemeinsame Elternschaft nach der Trennung durchaus denkbar. Wenn man allerdings schon in der Beziehung ernsthafte Zweifel an der Elternrolle des Partners oder der Partnerin hatte, dann wird es schwierig, einer weiteren gemeinsamen Elternschaft positiv gegenüberzustehen. Manchmal sind die Erwartungshaltungen bezüglich der Elternschaft aber auch durch die Paarstreitigkeiten komplett in den Hintergrund gerückt. In einer ruhigen Minute sollte man sich darüber also Gedanken machen. Lisa, eine Mutter aus unserer Interviewstudie, beschreibt dies folgendermaßen:

> *»Die Monate vor der Trennung hab ich eigentlich nur noch das Schlechte an meinem Ex-Mann gesehen. Er hat mich nur noch aufgeregt, egal was er gemacht hat. Ich wollte ihn nicht mehr neben mir haben, bin ins Gästezimmer gezogen, konnte nicht mal mehr ertragen, wie er gelacht hat. Mir war klar, ich wollte ihn nicht mehr bei mir haben, wollte ihn nicht mehr in meinem Leben haben. Als es dann zu einem schlimmen Streit kam, erfuhr ich, dass es ihm mit mir genauso ging. Auch er konnte mich kaum noch ertragen. Das hat ziemlich wehgetan, sowas zu hören. Aber trotzdem war ich erleichtert. Es war vorbei. Wir waren uns einig, dass wir uns trennen. Und dann kam aber die Frage von ihm, wie das mit unserem Kind werden soll. Er meinte, dass er auf keinen Fall nur ein Wochenendvater sein will. Ich hab ihm erstmal gesagt, dass er das gar nicht zu bestimmen hat und unser Kind froh sein kann, wenn es ihn los wird. Das war natürlich schrecklich, ich war einfach so furchtbar wütend und wollte ihn ja auch loswerden.*
>
> *Ich bin dann für ein Wochenende allein weggefahren. Dabei hatte ich die Möglichkeit, meine Gedanken zu sortieren und mir auch zu überlegen, was für ein Vater mein Ex-Mann ist. Ich hab sehr schnell wieder viele schöne Momente abrufen können. Mein Ex-Mann war immer bereit, mit mir gemeinsam die Sorge zu übernehmen, hat sich tolle Dinge einfallen lassen für unser Kind. Hat es ins Bett gebracht, ist nachts aufgestanden. Mir hat es geholfen, mir diese Erinnerungen wieder ins Gedächtnis zu holen. Und dann war auch völlig klar, dass wir gemeinsam Eltern bleiben müssen. Und das sind wir bis heute.«*
>
> (Mutter eines Kindes, lebt seit vier Jahren im Wechselmodell)

Manchmal ist es aber auch nicht so einfach, diese Wertschätzung wieder hervorzuholen. Je nachdem, wie lange die Konfrontationen auf der Paarebene abgelaufen sind und welche Intensität sie angenommen haben, braucht es vielleicht externe Hilfestellung, um positive Qualitäten wieder herauszuarbeiten. Inga, eine Mutter, die sich nach siebzehn Jahren von ihrer Partnerin Sabine getrennt hatte, gehört zu dieser Gruppe. In ihrem Interview betont Inga, dass sie nicht mehr in der Lage war, sich wertschätzend gegenüber der Mutterrolle von Sabine zu verhalten. Sabine hatte sich ihr gegenüber oftmals sehr impulsiv, manchmal auch aggressiv gezeigt, bei den Streitigkeiten zwischen beiden flogen auch mal Vasen und Teller durch die Luft. In diesem Fall waren es die beiden Teenagerkinder, die ihren Müttern klarmachten, dass sie nicht bereit waren, eine von ihnen weniger oft zu sehen als die andere. Aufgrund der beschränkten finanziellen Möglichkeiten der Familie war Inga erst einmal verzweifelt. Eine teure Paartherapie konnte sie sich nicht leisten, aber eine Freundin machte sie auf das Programm »Kinder im Blick« aufmerksam. Insbesondere dessen Schwerpunkt auf einem besseren Umgang der Eltern untereinander war für Inga eine Bereicherung. Sie lernte hier, ein positives Gefühl gegenüber Sabine als Mutter zuzulassen. Auch Sabine entschloss sich, den Kurs zu besuchen. Danach entschlossen sich beide für das Wechselmodell. Seit zwei Jahren praktizieren sie es nun in unterschiedlichen Wechselabständen. Die beiden Mütter haben bis heute keine wirklich gute Beziehung zueinander. Aber die Ziele ihrer Kinder unterstützen sie gemeinsam.

Tipp 2: Die Kommunikation nicht abreißen lassen

Sandra und Stefan praktizieren das Wechselmodell seit sieben Jahren. Ihre Trennung ist nicht einvernehmlich abgelaufen. Sandra hat sich in einen anderen Mann verliebt, Stefan konnte die Trennung lange nicht verstehen. Während sich Sandra sicher ist, dass sie ihrem Ex-Mann im Laufe der Beziehung immer wieder ihre Unzufriedenheit und ihre Suche nach Aufmerksamkeit rückgemeldet hatte, schildert Stefan die Trennung als »wie aus der Luft gegriffen«. Seiner Meinung nach kam sie aus dem Nichts. Diese unterschiedliche Wahrnehmung hat ein gemeinsames Gespräch über die Betreuung der beiden gemeinsamen Kinder erschwert. Stefan war sehr verletzt, Sandra wollte in ihr neues Leben aufbrechen. Dennoch musste ein Modell gefunden werden. Die beiden einigten sich schließlich darauf, dass ihre Kommunikation nur die Erziehung der Kinder betreffen solle und immer eine spezifische Fragestellung im Blick haben müsse. Anfangs waren dies Fragen, welche die erste Trennungszeit betrafen. »Wie können wir es schaffen, dass die Kinder den anderen Elternteil weniger vermissen?« Oder auch: »Welche Anschaffungen müssen vorgenommen werden, damit sich die Kinder in beiden Haushalten wohlfühlen?« Das waren beispielsweise Fragen, die gemeinsam besprochen wurden.

Bewusst hatte Sandra anfangs Besprechungszeiten vorgegeben. Sie wollte ein emotionales Ausufern der Gespräche vermeiden. Also haben beide versucht, nicht länger als eine Stunde pro Woche zu sprechen, und dies eben nur über die Kinder. Beide brauchten den Abstand voneinander, um in ein neues Leben starten zu können. Gleichzeitig war es beiden aber auch ein großes Anliegen, ein verbindliches Gesprächssetting zu schaffen. Sie besprachen also nicht die komplette Zukunft, sondern tasteten sich Schritt für

Schritt gemeinsam voran. Eine Einschränkung der Kommunikation auf einen rein schriftlichen Verkehr via E-Mail oder Messenger kam für sie nicht infrage. Ein tägliches kurzes Telefonat über das Wohlbefinden der Kinder oder schulische Themen gehört seit der Trennung zum Alltag. Anfangs fürchteten sich beide davor, heute ist es Normalität und hat weiterhin auch oberste Priorität bei beiden.

Aus dem Konfliktmanagement wissen wir, dass Konflikte in erster Linie eine Form von fehlgeschlagener Kommunikation sind. In einem einfachen Sender- und Empfängermodell kann man feststellen, dass Kommunikation nur dann gelingen kann, wenn sowohl der Sender als auch der Empfänger ein Interesse daran haben, dass die Kommunikation gelingt. Überträgt man dies auf Eltern in Trennungsphasen, dann ist das eine große Herausforderung. Es reicht eben gerade nicht, wenn sich nur ein Elternteil um eine gute Kommunikationsbasis bemüht. In unseren Interviewstudien hat sich dies deutlich gezeigt: Männer oder Frauen berichten hier von ihren verzweifelten Versuchen, eine gemeinsame Elternschaft mit dem oder der Ex nach der Trennung aufrechtzuerhalten. Doch Telefonanrufe wurden nicht entgegengenommen, Kontaktsperren auf sozialen Plattformen verhängt, E-Mails schienen einfach nicht anzukommen und Briefe blieben unbeantwortet oder wurden zurückgeschickt. Wenn so etwas eintritt, kann nur eine externe Beratung dafür sorgen, dass sich die beiden Elternteile wieder annähern und beim verweigernden Elternteil ein Bewusstsein entsteht, warum Kommunikation zugelassen werden sollte.

Tipp 3: Niemals über die Kinder miteinander kommunizieren

Eine besondere Kommunikationssituation wurde uns von Jugendlichen immer wieder beschrieben. Ihre Eltern kommunizieren nicht miteinander, sondern nutzen ihre Kinder als Botschafter und Informanden. Dies erstreckt sich von Botschaften wie »Wenn du am nächsten Wochenende zu dieser Party gehen willst, dann musst du schon selbst deinen Vater fragen, du bist da bei ihm« bis hin zu »Du gibst der Mama diese Infoblätter aus der Schule und erklärst ihr, was sie damit machen soll«. Kindern ist die Übermittlung von Elternaufgaben absolut unangenehm. Schon im Grundschulalter wissen sie, dass so etwas eigentlich nicht ihre Aufgabe ist, und verweigern solche Mitteilungen auch sehr oft. Als Folge stehen sie dann aber – völlig zu Unrecht – im Mittelpunkt der elterlichen Kritik. Eine Trennung der Eltern macht die Kinder nicht zum Teil dieser Trennung. Die elterliche Fürsorge hört mit der partnerschaftlichen Trennung nicht auf, die Verpflichtungen als Erziehungsberechtigte bleiben bestehen. Kinder haben gegenüber ihren Eltern eine sehr eingeschränkte Bringpflicht, vielmehr haben die Eltern selbst eine sogenannte Holpflicht. Informationen über Schule, Kita oder soziale Aktivitäten ihrer Kinder haben sich die Eltern selbst zu besorgen und vor allem miteinander auszutauschen. Eine gemeinsame Elternschaft nach der Trennung kann nur möglich sein, wenn beide über den gleichen Informationsstand verfügen und diesen Informationen nicht permanent nachlaufen müssen.

Welche Tipps gibt es, wenn die Kommunikation zwischen den Elternteilen gerade erschwert ist?

- In Phasen, in denen eine Kommunikation zwischen den Elternteilen schwierig ist, kann man die Schule oder Kita einbeziehen. Offen und ehrlich kann man darum bitten, dass beide Elternteile in Verteiler aufgenommen werden und direkt von der Schule als gleichberechtigte Ansprechpartner:innen gewählt werden. Bei der Organisation der Hobbys ist dies vielleicht ein wenig schwerer, generell kann man sich aber auch hier gleichberechtigt als Ansprechpartner:innen verzeichnen lassen. Dies vereinfacht die Alltagsorganisation für alle Beteiligten und nimmt den Kindern die Informationslast.
- Wenn Eltern Kommunikationsschwierigkeiten haben, kann auch eine Infopost angelegt werden. In eine Mappe werden dann alle wichtigen Informationen gegeben, möglichst mit begleitenden schriftlichen Erklärungen. Auf diese Weise kann ein Informationsaustausch in den Phasen, in denen die Eltern nicht gut aufeinander zu sprechen sind, dennoch gewährleistet werden. Die Mappe geht zu den Übergabezeiten dann von einem Elternteil zum anderen.
- Generell gilt: Ziel sollte immer eine direkte Kommunikation sein. Diese Hilfsmöglichkeiten eignen sich für problematische Phasen, sind aber keine dauerhafte Lösung!

Tipp 4: Wertneutral das neue Leben des anderen Elternteils akzeptieren

> *»Ich kann mich noch gut erinnern, als mir die Kinder erzählt haben, dass Mama einen Freund hat und dass der jetzt auch öfters da ist, wenn sie da sind. Während mein älterer Sohn den Typ cool fand und es auch schön fand, dass Mama so fröhlich mit ihm ist, war mein kleiner Sohn nicht begeistert. Er fand es doof, dass Mama jetzt weni-*

ger Zeit für ihn hatte, und meinte auch, dass er sich jetzt absichtlich schlecht benehmen wolle, damit der Typ verschwinde. Ich war echt hin und her gerissen. Einerseits war mir klar, dass ich mich überhaupt nicht einzumischen habe. Andererseits hat mir das schon zu schaffen gemacht, dass da jetzt ein anderer Mann mit meinen Kindern zusammen ist und dort quasi ein neuer Vater dazukommt. Und ich fand es irgendwie auch gut, dass mein Kleiner den neuen Typ nicht mochte.«
(Vater von zwei Kindern, seit einigen Jahren im Wechselmodell)

Diese Beschreibung von Tom, einem Vater von zwei Jungs im Alter von zwölf und sechs Jahren können viele Väter oder Mütter unterschreiben. Auch wenn man vielleicht selbst die treibende Kraft für die Trennung war – wie im Fall von Tom – ein neuer Partner bzw. eine neue Partnerin bedeutet für viele eine Konkurrenzsituation. Es wäre so leicht, nun gar nichts zu tun oder den kleinen Sohn in seiner Antipathie zu bestärken, hilfreich für die Kinder ist dies aber keinesfalls. Loyalität gegenüber dem anderen Elternteil ist sicherlich nicht immer leicht. Sie führt aber dazu, dass Kinder eine positive Grundhaltung entwickeln können. Oftmals fühlen die sich gegenüber ihren Eltern nämlich in einer Beziehungspflicht. Sie verteidigen die »ersetzten« Elternteile gegenüber den neu hinzukommenden Partner:innen. Typischerweise werten sie das Handeln von Mutter oder Vater auf, während sie manchmal ganz bewusst kein gutes Haar an »den Neuen« lassen, um ihre Loyalität unter Beweis zu stellen. Dieses Handeln ist für die Kinder aber auch sehr anstrengend. Anstatt positive Gefühle zuzulassen und eine gesunde Einstellung zu neuen Partnerschaften der Eltern aufzubauen, müssen sie sich mit ihrem Gefühlschaos auseinandersetzen. Dies wird erschwert, wenn sie merken, dass die Eltern ihnen nicht beistehen, um dieses Chaos zu ordnen.

Was kann man tun, um die Kinder zu stärken, wenn sie mit neuen Partner:innen ihrer Eltern zurechtkommen müssen?

- Halten Sie sich vor Augen: Der Umgang zwischen den Elternteilen prägt das Bild der Kinder hinsichtlich des Umgangs zwischen Partnern. Für Ihre Kinder sind Sie als Eltern ein Paarvorbild!
- Sprechen Sie mit Ihren Kindern altersgerecht über das Scheitern der Elternpaarbeziehung. Die Kinder werden ganz automatisch eine neue Partnerschaft infrage stellen, denn eigentlich wünschen sie sich, dass die Eltern zusammenbleiben. Zum Schutz der neuen Partnerschaft, aber auch zum Schutz der Kinder muss ihnen klargemacht werden, warum die Elternpaarbeziehung nicht aufrechterhalten wurde. Kindgerecht kann man auch erklären, was man an der neuen Partnerschaft wunderbar findet. Schmetterlinge im Bauch oder das Gefühl, mit jemandem immer zusammen sein zu wollen, kennen auch Kinder und Jugendliche als Gefühle erster Verliebtheit.
- Grundsätzlich gilt ein Sprichwort, das bereits meine Großmutter oft zu sagen pflegte: »Wenn du nichts Gutes zu sagen hast, dann halt den Mund.« Man kann die Kinder ermutigen, gemeinsam zu überlegen, was sie gut und sympathisch am neuen Partner bzw. der neuen Partnerin finden. Man kann betonen, dass alle Menschen unterschiedlich sind und neue Partner:innen niemals den Vater oder die Mutter ersetzen werden. Wenn man sich aufgrund der eigenen emotionalen Zerrissenheit nicht aktiv einbringen kann, dann kann man zumindest wohlwollend zuhören. Eines aber darf nicht passieren: Eine Abwertung der neuen Partnerschaft sollte Ihnen nicht über die Lippen kommen!

- Sollten Sie sich Sorgen über den Umgang des neuen Partners bzw. der neuen Partnerin des oder der Ex mit Ihren Kindern machen, dann besprechen Sie dies mit einer Vertrauensperson, aber niemals mit den Kindern. Besteht der begründete Verdacht, dass die Kinder unter der neuen Partnerschaft sehr leiden oder ihnen seelische wie auch körperliche Verletzungen durch den neuen Partner oder die neue Partnerin zugefügt werden, dann muss dies selbstverständlich zwischen den Eltern besprochen werden. Je nach Situation empfiehlt es sich hier, externe Unterstützung in Anspruch zu nehmen, zum Beispiel durch Familienberatungsstellen.

Tipp 5: Gemeinsame Rituale entstehen lassen

Auch wenn es in der ersten Phase der Trennung völlig undenkbar ist: Eltern, die erfolgreich eine gemeinsame Elternschaft praktizieren, schwören auf das Finden gemeinsamer Rituale. Auch mein Ex-Mann und ich gehören dazu. Gemeinsame Abendessen oder Kaffeerunden bedeuten keinen großen Aufwand, haben aber gerade für die Kinder eine hohe Symbolkraft. Die Eltern gemeinsam am Tisch sitzen zu sehen, gemeinsam mit ihnen sprechen zu können und zu erleben, dass der Alltag trotz Trennung weiterhin gut funktionieren kann, bringt für die Kinder eine große Erleichterung mit sich. Starke Kinder entstehen immer dort, wo sie auf stabile und verlässliche Lebensstrukturen stoßen.

Es ist unsere Aufgabe als getrennte Eltern, stabile Strukturen zu schaffen, auch wenn wir dabei manchmal über den eigenen Schatten springen müssen.

Auch bei uns haben diese gemeinsamen Essen nicht gleich stattgefunden. Wir haben uns langsam herangetastet. Wichtig war beispielsweise von Grund auf die Einladung an den anderen Elternteil, beim Abholen der Kinder ins Wohnzimmer zu kommen und sich kurz zu setzen. »Komm doch rein«, diese drei kleinen Worte haben meinen Kindern immer ein Lächeln ins Gesicht gezaubert, wenn die Übergabesituation eintrat. Umgekehrt erlebe ich an vielen Beispielen aus meinem Freundes- und Bekanntenkreis, dass diese drei Worte getrennten Elternteilen sehr selten über die Lippen kommen. Die Übergabe erfolgt an der Wohnungstür, die Trennung wird symbolisch zelebriert, indem man den Ex-Partner bzw. die Ex-Partnerin nicht in das neue Leben hineinlässt.

Halten Sie sich vor Augen: Was hat das für eine Außenwirkung auf Ihre Kinder? Man kann Pakete an der Wohnungstür übergeben, aber keine Menschen. Kinder brauchen Zeit, um mit der Übergabe zurechtzukommen. Schließlich bedeutet diese, dass sie sich auf bestimmte Zeit von einem Elternteil verabschieden müssen. Diese Abschiede sind nur dann gut verkraftbar, wenn sie behutsam gestaltet werden und gleichzeitig immer die Gewissheit da ist: Auch wenn ich jetzt gehe, sind beide Elternteile für mich da! Wenn man die eigene Wohnung als Territorium sieht, in dem Ex-Partner:innen keinen Platz haben sollen, kann man bei der Übergabe beispielsweise gemeinsame Zeit auf dem Spielplatz verbringen. Ein gemeinsames Rutschen, die gemeinsame Aufmerksamkeit der Eltern und die Zeit, von einem Elternteil zum anderen überzugehen, bedeutet für die Kinder ein hohes Maß an Entlastung.

Mit der Zeit kann man dann nach neuen gemeinsamen Symbolen suchen. Bei uns sind das beispielsweise gemeinsame Zeugnisessen oder auch gemeinsame Geburtstagsfeiern. Wichtig dabei ist: Überfordern Sie weder sich selbst noch den anderen Elternteil. Suchen Sie nach dem kleinsten gemeinsamen Nenner. Aber suchen

Sie danach! Ebenso wichtig ist es auch, den Blick auf sich selbst zu lenken. Denn für Eltern, die weiterhin gemeinsam Eltern bleiben wollen, wird die Herausforderung auch darin bestehen, dass es Zeiten geben wird, in denen sie ohne Kind sind. Gehen wir daher dazu über, uns zu fragen, was wir als Elternteile tun können, um uns in der ersten Zeit nach der Trennung wieder neu zu finden und vielleicht auch neu zu erfinden. Schritte hin zum eigenen Ich wagen wir im nächsten Kapitel.

»Es hat gedauert, bis ich wieder ›ganz ich‹ sein konnte.«

Warum die Schritte zum eigenen Ich für getrennte Eltern so wichtig sind

Eine Trennung hinterlässt Narben, egal ob man die treibende Kraft war oder die Trennung nicht gewollt hat. Meist blickt man auf eine ganze Reihe gemeinsamer Jahre. Man hat vieles vom eigenen Ich zugunsten eines Wir aufgegeben. Kompromisse machen wir alle in Beziehungen. Solange sie uns helfen, das Miteinander zu tragen, empfinden wir sie als notwendig und erfüllend. Scheitert die Beziehung, ärgern wir uns oftmals darüber, viel zu oft Kompromisse zulasten der eigenen Wünsche oder Vorstellungen eingegangen zu sein.

Gerade wenn Kinder geboren werden, müssen Eltern viele Kompromisse eingehen. Familie ist keine Selbstverständlichkeit mehr. Familie ist heute ein Aushandlungsprozess, in dem die Partner:innen immer wieder aufs Neue ausloten müssen, wer es sich gerade leisten kann, für die Kinderbetreuung im Beruf zurückzustecken, wer wann Weiterbildungen machen oder die Karriereleiter hochklettern kann. Ein solches Aushandeln betrifft auch die spärliche Freizeit von Eltern. Wenn am Ende des Tages alle beruflichen und familiären Aufgaben vollbracht sind, gilt es sich abzustimmen, wer welche Freiräume bekommen kann. Kein Wunder eigentlich, dass Partnerschaften und Ehen bei diesem permanenten Abstimmungs- und Kompromissmarathon so häufig scheitern! Zu keiner Zeit waren Ehen und Partnerschaften so anstrengend wie heute.

Ab dem Zeitpunkt der Trennung denken viele Menschen über ihre Kompromissanteile sehr viel kritischer nach. Oftmals sieht man sich selbst als die Person, die mehr verzichtet hat. Man empfindet sich als den Menschen, der sich selbst mehr aufgeopfert hat. Man betrauert verpasste Chancen oder vielleicht auch die fehlende Anerkennung dieser Kompromissbereitschaft. Trauern ist in diesem Zusammenhang ein wichtiges Stichwort. Eine langjährige Beziehung ist es wert, betrauert zu werden, in welcher Form auch immer man sich getrennt hat. Und jeder Mensch trauert anders. Geben Sie sich Zeit, um zu verstehen, warum sie gescheitert sind. Sie ganz persönlich. Denn die Mehrheit der Menschen wird eine Trennung oder Scheidung immer als persönliches Scheitern betrachten. Machen Sie sich dabei keine Vorwürfe, sondern betrauern Sie sich selbst und haben Sie Mitleid mit sich. Erkennen Sie an, dass Sie mit dieser Beziehung gescheitert sind. Nur wenn Sie das tun, können Sie einen Schlussstrich ziehen.

Als ich einer Bekannten nach meiner Trennung anvertraute, mich aufrichtig traurig zu fühlen, zog diese die Augenbrauen hoch und meinte nur, dass ich dazu gar kein recht hätte. Schließlich hätte ich mich ja getrennt und sei nicht verlassen worden. Diese Reaktion hat mich sehr nachdenklich gemacht, ich bekam sie nicht mehr aus dem Kopf. Ich fühlte mich schlecht, weil sie so reagiert hatte, und fragte mich zugleich, ob sie nicht vielleicht doch recht hatte? Darf jemand, der die Entscheidung wagt, eine Beziehung für gescheitert zu erklären, dennoch Traurigkeit empfinden? Und darf ich zu dieser Traurigkeit auch eine Art Glücksgefühl empfinden, weil ich endlich ausgebrochen bin aus einer Situation, die sich für mich als toxisch und nicht mehr weiterführbar herausgestellt hat? Mit großem Interesse las ich das Buch *Trennt euch!* von

Thomas Meyer. Er untersucht gegenwärtige Beziehungsstrukturen und auch die Gründe, warum sich langjährige Paare, vor allem auch Eltern, mit der Trennung so schwertun. Und er zeigt auf, was passiert, wenn Beziehungen nur weitergeführt werden, weil man gesellschaftlichen Normen- und Wertevorstellungen entsprechen will: Man bewegt sich immer weiter weg von sich selbst, quält sich und verleugnet den eigenen Anspruch auf Glück. Glück empfinden zu wollen, ist dabei keine egoistische Haltung. Es beeinflusst nämlich ganz wesentlich die physische wie psychische Gesundheit von Menschen. Insofern kann ich heute nur sagen: Ich bereue meine Entscheidung nicht. Meine Traurigkeit speiste sich vor allem daraus, dass ich mich von meinem ursprünglichen Lebensplan verabschieden musste. Und mein Glücklichsein rührte davon, dass ich wusste, dass es genau der richtige Zeitpunkt für die Trennung war. Noch länger und ich hätte mich selbst noch mehr verloren und damit die Chance verpasst, eine freundschaftliche Beziehung zu meinem Ex-Mann aufzubauen.

Ein Urteil darüber zu fällen, ob und wann Trennungen besonders günstig oder ungünstig sind, steht Außenstehenden nicht zu. Der eigene familiäre Kontext, individuelle Ängste und Ansprüche an das, was man unter Familie versteht oder auch nicht versteht, müssen immer im Mittelpunkt aller Entscheidungen stehen. In früheren Jahrzehnten hatten Menschen oft auch Angst vor dem Alleinleben, insbesondere Frauen befanden sich in einer finanziellen und gesellschaftlichen Abhängigkeit von ihren Ehemännern. Aber: Wo früher Geschiedene oftmals aufgrund gesellschaftlicher Stigmatisierung Singles blieben, gehen viele geschiedenen Menschen in Deutschland heute nach einer Scheidung bald wieder neue Beziehungen ein, leben unverheiratet zusammen oder heiraten doch wieder, bringen Kinder aus ihrer ersten Ehe mit in die neue Bezie-

Ein kurzer Exkurs zur Glücksforschung

Die Glücksforschung ist keine esoterische Spielerei, sondern ein interdisziplinärer Forschungsansatz. Psychologie, Soziologie, aber auch die Wirtschaftswissenschaften beschäftigen sich heute intensiv mit der Frage, welche Lebensfaktoren ausschlaggebend dafür sind, dass sich Menschen glücklich und zufrieden fühlen. Eine Kombination materieller wie immaterieller Faktoren ist hierfür oftmals ausschlaggebend. Ganz besonders wichtig – und für unser Thema sehr interessant – ist die Freiheit, Lebensentscheidungen treffen zu können. Für die Menschen unserer Zeit ist es also einerseits sehr wichtig, mit sich und den eigenen Entscheidungen im Reinen zu sein, aber gleichzeitig auch von der Gesellschaft nicht für ihre Lebensentscheidungen verurteilt zu werden.

Die glücklichsten Menschen leben übrigens in Finnland, dicht gefolgt von Schweden, Dänemark, Norwegen und Island.[44] Mich wundert das nicht. Denn diese Länder sind moderne, innovative und sehr bewegliche Sozialstaaten. Familie in allen Formen steht nicht nur theoretisch im Mittelpunkt der Gesellschaft, sondern auch ganz praktisch in Form einer vielschichtigen und innovativen Gesetzgebung. So wagte Finnland beispielsweise als erstes Land ein Experiment zur Grundsicherung, Dänemark war eines der ersten Länder, das Kindertagesbetreuung sowohl in Form von Kindertagespflege als auch Kitas anbot. In Schweden wird die gemeinsame Elternschaft nach der Trennung als logische Konsequenz des Doppelverdienermodells und der gleichberechtigten Betrachtung von Vätern und Müttern gewertet.

hung und bekommen dann noch mal Nachwuchs. Nur wer sich traut, neue Beziehungen einzugehen, der entwickelt im Laufe der Zeit eine Resilienz, die es ihm möglich macht, mit den Hürden, die sich im Laufe eines Lebens auftun, gut fertigzuwerden. Dazu gehört auch, Beziehungen, die sich als schwer gestaltbar erweisen, aufzugeben und neue zu knüpfen. Denn gesünder und glücklicher sind die Menschen, die in einer Partnerschaft leben, die ihnen das Gefühl gibt, in diesem Miteinander wachsen zu können. Der Harvard-Professor Robert J. Waldinger äußerte sich dazu unlängst in einem mitreißenden Vortrag über die Ergebnisse einer Längsschnittstudie aus der Glücksforschung klar und knapp: »Gute Beziehungen machen uns glücklicher und gesünder. Punkt.«[45]

Gleichzeitig gilt es für Eltern nach einer Trennung ganz neue, weniger angenehme Gefühle auszuhalten. Das Gefühl des Alleinseins beispielsweise oder auch das Gefühl der Unsicherheit, weil alle Entscheidungen jetzt auf einmal von einem selbst getroffen werden müssen. Letztendlich auch die bohrende Frage, ob man die Trennung vielleicht nicht doch irgendwann bereuen könnte – aus vielerlei Gründen. Gerade für Eltern ist diese Form der Trauerarbeit wichtig. Denn als Eltern werden Sie sich nicht trennen, sondern nur als Paar. Je eher Sie sich also mit dem Scheitern der Paarbeziehung auseinandersetzen und bereit sind, dieses Scheitern als gegeben hinzunehmen, desto eher können Sie sich wieder ihrer Elternrolle zuwenden. Wer permanent innerlich mit sich und der gescheiterten Beziehung hadert, Schuldzuweisungen vornimmt oder das Scheitern der Beziehung komplett verdrängt, hat den Kopf nicht frei, um sich als Mutter oder Vater intensiv um das Kind in der Trennungsphase zu kümmern. Anders als bei unseren Jugendromanzen können wir uns als Eltern mit einem gebrochenen Herzen nicht tagelang ins Bett legen und an die Decke starren oder einfach mal für ein paar Tage verschwinden. Wir müssen unsere Trauerarbeit parallel zu unserer Elternarbeit verrichten. Das ist manchmal fast schon unmenschlich schwer.

Ich persönlich habe gute Erfahrungen damit gemacht, mich in der ersten Phase der Trennung Bekannten und Freunden bei deren Unternehmungen anzuschließen. Insbesondere solchen mit Kindern. Auf diese Weise musste ich kein eigenes Programm für meine Kinder planen, hatte die Gewissheit, dass wir in einer lustigen Runde sein würden, und wurde für einige Zeit von meinem Kummer und Schmerz abgelenkt. Wenn die Kinder dann im Bett waren, hatte ich meine persönliche Auszeit. Hier konnte ich über die vergangenen Jahre nachdenken, vor allem aber auch über die Zukunft. Diese Stunden gaben mir die Möglichkeit, meinen Selbstwert wiederzuentdecken. Wichtig war mir, meine Zukunft so zu gestalten, dass ich mein Ich weiterentwickeln konnte. Wichtig war mir aber zugleich, die Zukunft meiner Kinder mit im Blick zu haben. Insofern war es wichtig, nicht nur zu überlegen, wie ich mir mein künftiges Leben vorstellen könnte, sondern welches Betreuungsmodell dazu führen könnte, dass sowohl meine Bedürfnisse als auch die meiner Kinder größtmöglich abgedeckt würden.

Letztlich kam dann noch ein ganz neues, ungewohntes Gefühl hinzu: das Gefühl des Vermissens. Denn schon kurz nach meinem Auszug starteten wir damit, das Wechselmodell auszuprobieren. Wir entschieden uns für einen Wechsel innerhalb der Woche, damit die Trennungsabstände nicht zu groß waren. Obwohl ich von vornherein überzeugt davon war, dass es das beste Modell für uns alle sein würde, erinnere ich mich an viele Übergaben, bei denen ich anfangs auf dem Rückweg in meine leere Wohnung im Auto saß und bitterlich weinte. Der Gang durch die leeren Kinderzimmer war für mich anfangs schwer auszuhalten. Glücklicherweise gab es die täglichen, kurzen Telefonate mit meinen Kindern (auch umgekehrt haben wir das immer mit ihrem Vater so gehandhabt), die mir das Gefühl gaben, auch an diesen Tagen Anteil an ihrem Leben zu haben. Ganz schlimm waren dann die ersten Sommerferien nach der Trennung. Hier war der Kontakt natürlich deutlich geringer, als die Kinder mit ihrem Vater im Urlaub waren, denn sie sollten die Zeit ja genießen können. Mir war und ist es wichtig, dass meine Kinder niemals das Gefühl haben, ich würde darunter leiden, sie nicht sehen zu können. Sie sollen sich niemals dafür schuldig fühlen, dass sie schöne Erfahrungen machen und eine wunderbare Zeit mit ihrem Vater verbringen. Aber das Gefühl, wie sich das Herz verkrampft vor lauter Sehnsucht nach den Kindern, das kenne auch ich sehr gut.

An dieser Stelle kann ich aber auch Mut machen. Das alte Sprichwort »Die Zeit heilt alle Wunden« trifft in diesem Fall tatsächlich zu. Sofern man sich damit auseinandersetzt, wie man die Zeit ohne Kinder gewinnbringend nutzen kann. Am Anfang mag das gar nicht so leicht sein, sich wieder auf sich und die eigenen Interessen zu konzentrieren. Viele Eltern, die ich im Laufe meiner Forschung kennengelernt habe, fokussieren sich dementsprechend erst einmal auf ihr Berufsleben. Auch das kann eine Weiterentwicklung sein, die die eigene Persönlichkeit voranbringt. Berufliche Weiterbildung oder vielleicht sogar berufliche Veränderungsprozesse bauen das Ego ungemein auf. Aber auch Hobbys, die man lange Zeit vernachlässigt hatte, oder Dinge, die man schon immer ausprobieren wollte, sorgen dafür, dass man sich weiterentwickeln kann.

Was ich hier schreibe, ist letztlich ein Plädoyer für mehr Zeit zur Achtsamkeit. Zwei Dinge machen diese aus meiner Sicht so wichtig: Zum einen ist das Konzept der Achtsamkeit in unserer Kultur nicht wirklich verbreitet und erlangt erst seit Kurzem mehr Aufmerksamkeit. Es stammt aus dem Buddhismus und rät uns, zeitweise bewusst auf Abstand zu den eigenen Gefühlen und den permanent wiederkehrenden Gedanken zu gehen – wie ich sagen würde, auch um sich selbst zu schützen. »Drop the thought« (»Lass die Gedanken fallen«) ist ein Ausspruch des Dalai Lama, der mir in vielen Phasen der Trennung, aber auch jetzt in den Wirrungen und Irrungen unserer Patchworkfamilie immer wieder hilft, zu dem ich mich oft aber auch regelrecht zwingen muss. Denn wir neigen in unserer Kultur dazu, jeden Gedanken haarklein zu zerlegen und zu analysieren, Schuldzuschreibungen zu tätigen und uns damit in einer Spirale der Vergangenheit zu verfangen. Letztendlich führt uns dies nur zu negativen Bewertungen, zu emotionaler Verletzlichkeit und nicht zuletzt auch zu einem Verharren in unschönen Situationen.

Wer sich als getrennter Elternteil immer wieder fragt, warum er denn die Kinder gehen lassen und vermissen muss, der wird sich mit der neuen Situation niemals zurechtfinden. Und er wird letztendlich das eigene Unbehagen auch auf die Kinder übertragen. Das führt mich zum zweiten Grund für mehr Achtsamkeit im Sinne einer bewussten Auseinandersetzung mit sich selbst und dem eigenen Lebensweg: Unsere Forschungsergebnisse zeigen deutlich, dass die Elternteile, die für sich keinen neuen Weg finden und ihr eigenes Ich nach der Trennung nicht weiterentwickeln können, dazu neigen, eine gemeinsame Elternschaft zu blockieren. Diese Väter oder Mütter sind so unzufrieden mit ihrer Situation, dass Streit und gerichtliche Auseinandersetzungen oftmals das anfangs gute Verhältnis zum oder zur Ex belasten. Auch an den Kindern geht dies nicht spurlos vorbei. Gemeinsame Elternschaft braucht eine innere Stärke, aber auch eine gewisse Gelassenheit beider Elternteile. Deshalb ist es unbedingt notwendig, das eigene Ich wiederzuentdecken oder sich vielleicht auch – angesichts der neuen Freiheiten – neu zu erfinden. Ein starkes Ich führt letztendlich zu einer starken Elternschaft, die uns befähigt, den Prozess der Trennung, aber auch das gemeinsame Elternsein danach gut zu meistern. Ein starkes Ich führt aber nicht zuletzt auch zu einer neuen äußeren Attraktivität und ermöglicht es uns, eine neue Partnerschaft einzugehen. Und genau damit machen wir uns auf den Weg ins letzte Kapitel. Wir blicken in die Zukunft und stellen uns vor, wie es sein könnte, in einer neuen Familienkonstellation zu leben: der Patchworkfamilie.

»Bei meiner Mama darf ich das aber immer!«

Willkommen in der neuen Patchworkfamilie

Zugegeben, wenn man gerade mitten in der Trennung oder Scheidung steckt, kann man es sich schwer vorstellen: das Leben danach. Aber gerade weil dieser Ratgeber ja auch aufzeigen möchte, dass das Leben nach der Trennung weitergeht, können wir mal einen Blick in die Zukunft werfen, der so abwegig gar nicht ist. Die Familienforschung geht davon aus, dass der Anteil der Patchwork- bzw. Stieffamilien in Deutschland bei etwa 10 bis 13 Prozent liegt, mit steigender Tendenz. Eine exakte prozentuale Angabe ist deshalb schwer, weil diese Familienformen in amtlichen Statistiken bisher nur unzureichend erfasst werden. Auch scheint der Anteil der Patchwork- oder Stieffamilien in den neuen Bundesländern höher zu sein als in den alten. Dies resultiert zum einen aus den höheren Scheidungs- und Trennungsraten, aber auch aus einer höheren Zahl nicht ehlicher Lebensgemeinschaften. Generell ist in der heutigen Zeit ein ausgeprägter Wunsch nach neuen Partnerschaftsmodellen zu spüren, das heißt auch, dass sich die wenigsten Menschen, die eine Trennung oder Scheidung durchlaufen, vorstellen können, danach permanent als Single zu leben.[46]

In der Fachsprache wird gern eine Grenze zwischen Stief- und Patchworkfamilien gezogen, Letztere definiert sich genau genommen durch die Geburt eines gemeinsamen Kindes der neuen Partner:innen. Zu den Kindern aus erster Ehe oder früheren Beziehungen kommt also noch ein gemeinsames Kind (oder auch mehrere). Ich persönlich mag den Begriff der Stieffamilie allerdings überhaupt nicht. Auch wenn mein Lebensgefährte und ich kein gemeinsames Kind haben, so bezeichne ich unsere Familie immer als Patchworkfamilie. Die Idee der Decke, die aus unterschiedlichen Stoffen und Farben nach und nach zusammengenäht wird und bei der man erst ganz am Ende sehen kann, zu welchem Unikat sie geworden ist, gefällt mir dabei besonders gut. Die Flicken, das sind nicht nur wir als Personen, sondern auch unsere Eigenarten und Bedürfnisse. Mancher Stofffetzen fügt sich nicht so einfach an den anderen, mancher braucht eine doppelte Naht. Manchmal erscheint es viel zu schwer, fast schon unzumutbar, diese Decke gemeinsam fertigzustellen. Und doch ist man immer wieder überrascht von der Schönheit ihrer Form und Farben und bekommt ein Ergebnis, das man so nicht erwartet hat.

Entschließt man sich, eine Patchworkkonstellation einzugehen, dann verhält es sich wie mit jeder anderen Familiengründung. Man weiß nicht, was einen erwartet und es gibt keinerlei Garantie, dass es klappt. Das ist umso schwieriger, als die meisten Partner:innen, die sich auf ein Patchworkmodell einlassen, ja aus einer gescheiterten Ehe oder Beziehung stammen, also schon negative Vorerfahrungen haben. Man könnte umgekehrt aber auch sagen: Die meisten Paare, die eine Patchworkfamilie gründen, sind im Leben so gefestigt und fern jeglicher Beziehungsillusionen, dass sie die notwendige Gelassenheit mitbringen, um sich im Trubel des Patchworkalltags zurechtfinden zu können.

Das Thema Patchworkfamilie ist so umfassend, dass man es wirklich ergiebig und differenziert nur in einem eigenen Buch aufzeigen kann. Da es uns ja hier um die Bewältigung von Scheidung und Trennung unter dem Aspekt der gemeinsamen Elternschaft geht, lege ich den Fokus dieses Kapitels folglich auf drei Fragen:

- Wie kann man es Kindern leichter machen, wenn man eine neue feste Partnerschaft eingeht?
- Wie kann man die Beziehung zum Ex-Partner bzw. zur Ex-Partnerin im Sinne einer gemeinsamen Elternschaft gestalten, wenn man in eine neue Familienkonstellation übergeht?
- Wie kann man die eigene Rolle als Bonusmama oder Bonuspapa ausgestalten, wenn auch der neue Partner bzw. die neue Partnerin Kinder mitbringt?

Ich erinnere mich noch sehr gut an den Tag, an dem ich meinen Sohn und meinen Lebensgefährten zusammenbrachte. Meine kleine Tochter hatte ihn schon Wochen vorher kennengelernt – da unsere Töchter fast gleich alt sind, bot sich ein gemeinsamer Schwimmbadnachmittag an. Außerdem war meine Tochter zu diesem Zeitpunkt knapp vier Jahre alt und somit relativ unbelastet und unvoreingenommen aus der Trennungsphase herausgekommen. Mein Sohn aber ist fünf Jahre älter und mir war völlig klar, dass er einem neuen Mann an meiner Seite mit Argwohn begegnen würde. Selten war ich so aufgeregt. Schließlich wusste ich, dass es sich bei diesem Mann nicht um irgendeine Romanze handelte, sondern dass ich mit ihm mein weiteres Leben verbringen wollte. Also gingen wir zusammen essen, bewusst wählte ich einen neutralen Ort. Mein Lebensgefährte mit seiner zurückhaltenden und warmherzigen Art hatte keinerlei Probleme, die Sympathie meines Sohnes zu gewinnen, allerdings erst einmal auf Distanz. Mein neuer Partner wurde geduldet, mehr aber auch erst mal nicht.

Umgekehrt ging es mir genauso. Die Kinder meines Ex-Mannes machten es mir relativ einfach und brachten mir eine kindliche Neugier entgegen. Jedoch dauerte es eine Zeit lang, Empathie aufzubauen.Obwohl ich als Familienforscherin genau wusste, dass dies ein ganz normales Verhalten war, tat ich mich sehr schwer damit. Meine große Verliebtheit wurde ausgebremst durch die Tatsache, dass die Kinder eben nicht verliebt waren. Während wir als Paar auf rosaroten Wölkchen schwebten, blieben unsere Kinder erst einmal auf dem Boden der Realität und mussten akzeptieren, dass das Kapitel Mama und Papa mit der neuen Beziehung für immer beendet war.

Diese Kluft zwischen eigener Aufbruchstimmung und kindlicher Katerstimmung bestimmt das Bild vieler Familien im Übergang zu einer neuen Partnerschaft. Gerade Kinder ab dem sechsten Lebensjahr haben viele Erinnerungen an die Zeit, in der die Eltern noch zusammenlebten. Sie haben große Angst davor, diese Erinnerungen zu verlieren – und damit auch einen Teil ihrer eigenen Persönlichkeit und Vergangenheit. Trotz Umzug, getrennter Wohnungen oder Gerichtstermin für die Scheidung – Kinder und auch manche Jugendliche hegen lange die Hoffnung, dass die Eltern auf wundersame Weise doch wieder zusammenfinden. Tritt ein neuer Partner in ihr Leben, wird ihnen diese Illusion sehr unsanft genommen. Dies soll nicht bedeuten, dass man Kindern einen neuen Partner verheimlichen soll – ganz im Gegenteil. Kinder haben sehr feine Antennen. Sie erkennen die Veränderungen der verliebten Eltern ganz genau und wollen natürlich auch die Gründe dafür wissen.

Zumindest gibt es bestimmte Orientierungshilfen, mit denen man es den Kindern etwas leichter machen kann, mit einem neuen Partner und damit auch dem Übergang in eine neue Familienform, nämlich die Patchworkfamilie, zurechtzukommen.

- Kinder verspüren instinktiv eine Rivalität zum neuen Partner, zur neuen Partnerin eines Elternteils. Sie haben Angst, dass er oder sie ihnen den Platz streitig macht, und reagieren dementsprechend eifersüchtig. Achten Sie also darauf, den Kindern altersgerecht immer wieder mitzuteilen, dass der Platz eines Kindes in Ihrem Herzen ein ganz anderer ist als der eines Partners. Planen Sie genug Zeit für sich und die Kinder ein, also bewusst Zeiten ohne den neuen Partner. Auf diese Weise registrieren die Kinder sehr schnell, dass sich an Ihrer Beziehung wenig ändern wird.

- Machen Sie Ihren Kindern deutlich, dass dieser neue Mensch in ihrem Leben keinesfalls »Ersatzpapa« oder »Ersatzmama« sein wird. Verweisen Sie immer wieder darauf, dass niemand den Vater oder die Mutter ersetzen kann oder will. Vergleichen Sie den neuen Partner vielmehr mit einem Freund, den man durch den Besuch des Kindergartens oder der Schule hinzugewinnt. Obwohl man schon Freunde hat, ist jeder neue Freund eine große Bereicherung fürs Leben.
- Seien Sie nicht zu ungeduldig mit ihren Kindern. Wenngleich Sie sich verliebt haben, muss diese Verliebtheit nicht auf die Kinder übergehen. Die Kinder müssen den neuen Partner nicht zwangsläufig auch lieben und nicht einmal sofort mögen. Wichtig ist ein respektvoller Umgang miteinander. Neue Partner sollten den Kindern verständnisvoll begegnen, ebenso sollte man als Elternteil darauf achten, dass die Kinder sich respektvoll verhalten. Zwingen Sie die Kinder aber zu keiner Zweisamkeit mit einem neuen Partner. Das kommt im besten Fall von ganz allein. Wer der Patchworkfamilie Zeit lässt, zusammenzuwachsen, hat gute Chancen auf Erfolg.

Herausfordernd kann natürlich ebenso der Umgang mit dem Ex-Partner bzw. der Ex-Partnerin sein, wenn sich dort eine neue Familie gründet. Auch hier gibt es ganz unterschiedliche Ausgangspositionen. Günstig, aber eben nicht immer der Fall ist es, wenn der andere Elternteil auch schon in einer neuen Partnerschaft ist. Denn diese fängt auf und hilft dabei, mit den extremen Gefühlen zurechtzukommen, die automatisch entstehen, wenn man sich damit befassen muss, dass die eigene frühere Familie nun Teil einer neuen Familie wird. Für diese Gefühle, die absolut normal und berechtigt sind, sollte man sich nicht verurteilen – und auch niemand anderen. Mich selbst hat es immer erschreckt, wenn meine Sorge darum, wie mein Ex-Mann mit meiner neue Patchworkfamilie klarkommen wird, im Freundes- und Bekanntenkreis einfach abgeschmettert wurde. Ich bin der Meinung, dass man realisieren sollte, was im Ex-Partner vorgeht, damit man dann auch richtig reagieren kann. Letztendlich kommt zu dem Umstand, die Kinder nicht mehr jeden Tag sehen zu können, nun auch die Angst hinzu, als Vater oder Mutter ersetzt werden zu können. Diese Angst nicht zu thematisieren, ist aus meiner Sicht gänzlich kontraproduktiv. Viel hilfreicher ist ein gemeinsames Gespräch über die veränderte Situation und die Konzentration auf die weiterhin zu bewältigende Elternrolle. Auf diese Weise kann man Konflikten von Anfang an vorbeugen. Bewusst habe ich auch beispielsweise weiterhin von »unseren Kindern« oder »unseren gemeinsamen Kindern« gesprochen, um gar nicht erst das Gefühl aufkommen zu lassen, dass sich hier etwas ändern könnte. Oftmals helfen tatsächlich gerade diese kommunikativen Feinheiten (die sicherlich auch mit einem entsprechenden Verhalten einhergehen müssen), das Vertrauen in die gemeinsame Elternschaft auch dann zu stärken, wenn man in eine Patchworkkonstellation eintritt.

Was hingegen gänzlich tabu sein sollte, sind Diskussionen mit dem Ex-Partner über die neue Partnerschaft. Hier muss aus meiner Sicht die Grenze von Beginn an gezogen werden. Alle Elternthemen sind diskutabel, emotionale Paarthemen hingegen nicht. Denn ansonsten haben Sie in dieser neuen Familiensituation genau die emotionalen Entgleisungen, die Sie während der Trennung bewusst umschifft und das Ganze damit vielleicht sehr gut gemeistert haben. Jetzt solche Themen anzureißen, belastet nicht nur Ihr Verhältnis als Eltern, sondern auch die neue Beziehung ganz erheblich.

Ebenso hilfreich ist es vielleicht für Elternteile, die gerade miterleben, wie ihre frühere Familie in eine Patchworkkonstellation geht, zu wissen, dass sich die wenigsten neuen Partner:innen als Mütter oder Väter ihrer Bonuskinder aufdrängen wollen. Zum einen, weil sie vielleicht selbst leibliche Kinder haben, bei denen sie diese Rolle ohnehin übernehmen, zum anderen, weil man die mit diesen Rollen verbundenen Konflikte weder den Kindern noch sich selbst zumuten möchte. Die neuen Partner:innen müssen mit Blick auf die Elternrolle folglich nicht als Konkurrenten betrachtet werden. Mit der Zeit kann man hingegen oft ein ganz anderes Bild entwickeln: Die Kinder gewinnen durch die neue Partnerschaft eine weitere Person, die für sie sorgt, für sie da ist und sie bei ihrem Aufwachsen begleitet.

Aus eigener Erfahrung weiß ich aber auch, wie schmal der Grat zwischen Verantwortung, Erziehungsverhalten und Rollenübernahme ist. Es ist wirklich nicht leicht, Stiefmutter oder Stiefvater bzw. Bonusmama oder Bonuspapa zu sein. Bei meinen beiden Bonuskindern mache ich mir regelmäßig Gedanken darüber, wie ich mich verhalten kann oder soll, und muss mich ebenso regelmäßig disziplinieren, mich als Bonusmutter zurückzunehmen. Ab dem Zeitpunkt, an dem man als Patchworkfamilie zusammen in einem Haushalt lebt, ist das besonders schwer. Denn natürlich sollen für alle Kinder gleiche Bedingungen gelten und sollen Regeln im Haushalt auch von allen eingehalten werden. Mit dem Satz »Bei der Mama darf ich das aber immer« musste ich lange kämpfen und mir eine entsprechende Haltung dazu erarbeiten. An schlechten

Tagen fühlt man sich als Bonusmutter und Bonusvater tatsächlich in einer Rolle, die weder Fisch noch Fleisch ist. Man ist nicht Mutter oder Vater, aber auch nicht Freundin oder Freund. Denn als Freundin oder Freund könnte man sich ja immer dann rausziehen, wenn man auf irgendetwas keine Lust mehr hat. Die Elternpflichten bestehen in der Familie aber weiterhin, egal ob es gut oder eben auch mal schlecht läuft.

An guten Tagen ist es allerdings eine unendliche Freude, Bonusmama oder Bonuspapa zu sein. Denn dann zeigt sich, dass es überhaupt nicht wichtig ist, ob man genetisch verwandt ist oder nicht. Sondern ob man füreinander da ist und gern zusammen Zeit verbringt. Letztendlich kann ich nach sechs Jahren Patchworkfamilie sagen, dass ich mich bemühe, mir auch in der Rolle als Bonusmama selbst treu zu bleiben. Ich bin nicht nur im Aussehen, sondern auch charakterlich das absolute Gegenteil der leiblichen Mutter meiner Bonuskinder und ich stehe dazu. Ich mag generell keine Vergleiche zwischen Menschen und bemühe mich, auch meine Kinder nie zu vergleichen. Dementsprechend erbitte ich mir auch von meinen Bonuskindern, dass sie keinen Vergleich mit ihrer leiblichen Mutter ziehen. Die Kinder kennen mittlerweile meine positiven Eigenschaften, müssen aber auch mit meinen Schwächen und Mängeln leben. Genauso wie sie das auch in einer »Normalfamilie« müssten. Letztendlich hängt das Gelingen einer Patchworkfamilie aus meiner Sicht wesentlich von den Freiräumen ab, die man sich gegenseitig zugesteht. Gemeinsame Familienzeiten sind bei uns beispielsweise ebenso üblich wie reine Jungsabende, bei denen mein Lebensgefährte mit meinem leiblichen Sohn und meinem Bonussohn etwas unternimmt und wir Mädels (meine leibliche Tochter, meine Bonustochter und ich) dann eben Sachen machen, die wir gut finden. Ebenso gibt es aber auch verlängerte Wochenenden, die ich allein mit meinen leiblichen Kindern verbringe, und umgekehrt. Wenn alle da sind, dann ist es mit sechs Personen bei uns zu Hause ganz schön laut und turbulent. Die Kinder genießen das und wir versuchen, uns als Paar auch Zeit zu zweit zu nehmen. Denn die Kinder sind ja nicht immer bei uns, sondern verbringen weiterhin Zeiten bei den anderen Elternteilen. Das ist sicherlich ein großer Vorteil für uns als Paar, den wir sehr zu schätzen wissen. Uns bleibt immer auch Zeit, um Dinge ohne die Kinder zu unternehmen, die uns wichtig sind. Wir können auftanken und uns erholen, bis es dann wieder an der Tür klingelt und vier lärmende, lachende und liebenswerte Kinder ins Haus drängen.

Ausblick

Nach der Lektüre dieses Buches werden Sie – hoffentlich – etwas mehr Klarheit darüber haben, welche Betreuungsmodelle es nach einer Trennung gibt und welche Herausforderungen mit den jeweiligen Modellen einhergehen. Sie haben aber hoffentlich ebenso herauslesen können, dass ein dogmatisches Beharren auf theoretisch erarbeiteten Modellen dem heutigen Familienbild eigentlich nicht mehr entspricht. Meiner Meinung nach steht das Prinzip der gemeinsamen Elternschaft nach einer Trennung immer im Mittelpunkt der Entscheidungen – oder sollte es. Auch in einem erweiterten und individuell zugeschnittenen Residenzmodell ist es Eltern möglich, ihren Kindern zu zeigen, dass sie weiterhin gemeinsam da sind und Anteil an ihrem Alltag nehmen. Allerdings zeigen die Forschungen zum Wechselmodell eben auch deutlich, dass Eltern hier sehr viel stärker in Kontakt bleiben (müssen) und die Kinder mehr Kontakt zu beiden Elternteilen haben.

In dem Wissen, dass Kinder die Gewissheit brauchen, durch eine Trennung nicht zwischen den Elternteilen wählen zu müssen, braucht es in Deutschland endlich eine neue Herangehensweise an Trennungen. Die Beratungsmechanismen setzen hierzulande immer erst dann ein, wenn es bereits Konflikte gibt. Erst dann werden Anwält:innen hinzugezogen, Mediator:innen oder Erziehungsberatungsstellen aufgesucht. Dann hat sich die Kommunikationsbasis zwischen den Elternteilen aber meist auch schon erheblich verschlechtert. Es müssen dringend Ressourcen bereitgestellt werden, die Eltern ab der Entscheidung für eine Trennung die Möglichkeit geben, Begleitung und Beratung auf dem Weg zu einer gemeinsamen Elternschaft trotz Trennung in Anspruch zu nehmen. Es darf dabei auch nicht weiter den finanziell gut gestellten Familien vorbehalten bleiben, Unmengen an Geld für Anwälte oder Mediatorinnen auszugeben und auf diese Weise Hilfe zu erhalten. Diese Form der Exklusion wird der unterschiedlichen ökonomischen Situation von Familien nicht gerecht. Der Anspruch auf Beratung sollte gesetzlich verankert und staatlich finanziert sein. Dabei muss es getrennte und passgenaue Beratungsleistungen für Eltern wie auch für Kinder geben, sowie gemeinsame Beratungsangebote für die gesamte Familie.[47] Eine kontinuierliche Begleitung im ersten Jahr sowie mögliche weitere Begleitungen in den folgenden Jahren sollten unbedingt eingeplant werden. Politiker winken an dieser Stelle gern ab und verweisen auf die leeren Kassen. Sicherlich bedeutet eine solche Beratung einen finanziellen Mehraufwand. Man kann aber auch eine einfache Gegenrechnung aufmachen: Staatlich finanzierte Beratung für alle Eltern in Trennungssituation führt zu einer geringeren Zahl von Alleinerziehenden, die gerade mal so über die Runden kommen, weil sich der andere Elternteil aufgrund von eskalierenden Streits weigert, seiner Zahlungsverpflichtung nachzukommen. Tausende von Alleinerziehenden würden entlastet und hätten mehr Freiräume für sich, wenn man die Elternschaft weiterhin gemeinsam aufrechterhalten und die familiären Sorgeverpflichtungen auf beide Schultern verteilen würde. Eine große Zahl von Kindern und Jugendlichen käme durch eine präventive Begleitung nicht mehr in die Situation, sich als Opfer der Trennung ihrer Eltern sehen und psychologische Hilfe bis ins Erwachsenenalter in Anspruch nehmen zu müssen. Insofern bedeutet eine staatlich finanzierte Trennungsbegleitung zunächst eine Mehrinvestition, spart aber auf Dauer Steuergelder.

Sicherlich mögen Anwälte von eskalierenden Familienstreitigkeiten finanziell profitieren. Auf der anderen Seite stehen aber steigende Ausgaben unserer Gesundheitssystems aufgrund psychischer Belastungen von Jugendlichen, oftmals aus getrennten Familien. Dabei handelt es sich auch nicht um Momentaufnahmen. Studien zeigen, dass Kinder und Jugendliche, die durch die elterliche Trennung komplett aus der Bahn geworfen werden, Zeit ihres Lebens anfälliger für psychische Erkrankungen sind und Hilfen somit über einen langen Zeitraum hinweg in Anspruch genommen werden müssen. Ganz zu schweigen von den Elternteilen, die aufgrund von eskalierenden Streitigkeiten von Burn-outs betroffen sind oder die aufgrund von Kontaktabbrüchen zu ihren Kindern am Rande ihres Lebenswillens stehen.

Wir müssen in Deutschland endlich dahin kommen zu akzeptieren, dass Trennungen genauso zu Lebensverläufen gehören wie Partnerschaften. Eine Trennung darf weder einem Kind noch dessen Eltern dauerhaft den Boden unter den Füßen wegziehen. Damit wir diese Veränderungen herbeiführen können, braucht es sowohl eine Bewegung von oben als auch von unten. Der Staat muss das Familienrecht reformieren und Trennungssituationen neu bewerten. Zugleich müssen aber auch wir Eltern ein anderes Verständnis von Trennung entwickeln. Ganz wichtig ist es dabei, dass wir untereinander solidarisch sind. Wer in einer Trennung steckt, braucht keine Ausgrenzung oder Vorwürfe, sondern Verständnis und Rückhalt. Gerade wir Mütter sollten unbedingt an uns arbeiten und lernen zu akzeptieren, dass es viele Wege gibt, Mutter zu sein. Wenn wir dies schaffen, dann sind wir auch hierzulande auf einem guten Weg.

Die Wissenschaft hat hinreichend dokumentiert, dass es drei zentrale Weiterentwicklungen braucht, um das Modell einer gemeinsamen Elternschaft nach der Trennung als eigenen Ansatz innerhalb aller Betreuungsmodelle zu verankern. Zum einen muss das Wissen der Eltern über die Auswirkungen von starken Streitereien auf das Leben ihrer Kinder erweitert werden.[48] Dies gelingt nur durch niedrigschwellige Informationsansätze und auch durch eine Enttabuisierung des Themas Trennung und Scheidung. Erst wenn Eltern begreifen, dass ein Scheitern als Paar nicht unweigerlich bedeutet, auch als Eltern gemeinsam gescheitert zu sein, kann ein Konzept der gemeinsamen Elternschaft weitreichender verankert werden. Zum anderen müssen Eltern ein Bewusstsein dafür entwickeln können, welche Elternkonflikte bei ihnen zentral sind und wie man diese Konflikte entschärfen kann. Auch hierfür bedarf es einer angeleiteten Unterstützung und Begleitung. Drittens müssen Kinder und ihr Wohlbefinden nicht nur im Sinne einer erwachsenen Logik in den Blick genommen werden, sondern es braucht eine kindgerechte Forschung mit adäquaten Forschungskonzepten und Ansatzweisen.[49] Ältere Kinder und Jugendliche müssen in die Ausgestaltung von Betreuungsmodellen stärker einbezogen werden, als dies bisher der Fall ist. Denn nur, wenn sie das Gefühl haben, sich auch nach der Trennung ihrer Eltern gut aufgehoben zu fühlen, können sie den Weg ins Leben glücklich und neugierig weitergehen.

Bitte legen Sie nun aber dieses Buch keineswegs resigniert zur Seite! Tatsächlich tut sich mittlerweile doch einiges auf der politischen Ebene. Im März 2022 hat sich die Ampelkoalition ausdrücklich zu einer Reformation des Familienrechts zugunsten der Stärkung gemeinsamer Elternschaft ausgesprochen. Wir wissen nicht, wie dies am Ende umgesetzt wird, das Bewusstsein für die Notwendigkeit eines neuen Blicks auf Familien nach der Trennung wächst aber. Und was wir selbst tun können, ist außerdem eine ganze Menge, wie ich Ihnen – so hoffe ich – in diesem Buch nahebringen konnte. Wir können außerdem unsere Erfolge im Umgang mit Trennung und der gemeinsamen Elternschaft bekanntmachen. Das macht anderen Eltern, die sich in der akuten Trennungsphase befinden, Mut, es auch mit diesem Weg zu versuchen. Viel zu oft wird das Scheitern neuer Modelle diskutiert, die gut gelingenden Beispiele aber werden viel zu wenig beachtet. Seien wir also alle zusammen etwas mutiger. Unseren Kindern zuliebe!

Adressen und Informationsstellen

In der ersten Phase der Trennung, in der man emotional sehr angegriffen ist, sind viele Elternteile auf der Suche nach Beratungs- und Unterstützungsmöglichkeiten. Das Internet ist heute die gängige und wohl am meisten genutzte Recherchequelle, aber nicht alle Beratungsangebote sind wirklich objektiv und an einer gemeinsamen Elternschaft nach der Trennung interessiert. Allzu oft wird selbst bei Beratungsstellen noch völlig selbstverständlich davon ausgegangen, dass die Mutter die hauptsächliche Kinderbetreuung nach der Trennung übernehmen wird. Insofern finden sich in der nachfolgenden Liste Tipps für Beratungs- und Anlaufstellen, die beide Elternteile einbeziehen.

Alle angegebenen Links wurden zuletzt am 11. März 2022 aufgerufen.

- Erste Anlaufstelle im Internet ist aus meiner Sicht das Familienportal des Bundesfamilienministeriums, da hier Angebote zur Krisen-, Familien- und Trennungsberatung nach Regionen gebündelt aufgelistet werden. Wichtig zu wissen: Sowohl Kinder als auch Eltern können hier Möglichkeiten der Beratung und Unterstützung finden.
  https://familienportal.de/familienportal/lebenslagen/krise-und-konflikt/krisetelefone-anlaufstellen/ehe-und-familienberatung-125472

- Einen guten Überblick über die Möglichkeiten von Beratung im Falle von Trennung oder Scheidung bietet auch die Bundeskonferenz für Erziehungsberatung. Hier wird – allerdings in einer sehr fachlich geprägten Sprache – ein Überblick über die Begründung einzelner Beratungsleistungen gegeben.
  www.bke.de/content/application/mod.content/1158910617_bke-Hinweis_Inanspruchnahme_von_EBS_3–5.pdf

- Leider gibt es in Deutschland, anders als in anderen Ländern, bisher keine Programme, die explizit Familien im Wechselmodell in den Blick nehmen und gezielt Beratung und Betreuung für diese Eltern, aber auch Kinder anbieten. Es gibt aber durchaus Programme, die auf die Verbesserung der Kommunikation von getrennt lebenden Eltern und auf das Aufbauen einer gemeinsamen Wertschätzungsebene abzielen. So zum Beispiel das Programm »Kinder im Blick«, das den Präventionspreis 2007 bekam. Informationen zum Programm finden Sie hier:
  www.kinder-im-blick.de

- Weitere Möglichkeiten bieten auch zertifizierte Fachkräfte bei Beratungsstellen. Hier gibt es eine Vielzahl von Trägern. Eine einfache Möglichkeit, sich über Angebote in der Nähe des eigenen Wohnortes zu informieren, ist die »Nummer gegen Kummer«: 0800 1110550. Sie bietet einen niedrigschwelligen Zugang bei allen Formen von Überforderung von Eltern.

- Gerade für Väter in Trennungssituationen wurden in den letzten Jahren neue Anlaufstellen konzipiert. Verschiedene Informationsangebote werden auf der Internetplattform »Väterangebote« vorgestellt:
  www.vaeterangebote.de

- Eine differenzierte, sehr authentische Berichterstattung für Mütter betreibt der Blog »StadtLandMama«. Die eingestellten Artikel werden von betroffenen Müttern selbst geschrieben oder aber es handelt sich um Interviews mit Müttern. Der Blog beschäftigt sich mit allen Themen rund um Mutterschaft und bemüht sich um eine große Offenheit gegenüber allen Nachtrennungsmodellen. Hier geht es zum Blog:
  www.stadtlandmama.de

- Der Kinderschutzbund bietet regionale Kinder- und Jugendgruppen zum Thema Scheidung und Trennung der Eltern an.
  www.dksb.de

- Auch der Verband alleinerziehender Mütter und Väter nimmt sich des Themas Trennung und Scheidung umfassend an. Regelmäßig werden hier Infos für Einelternfamilien herausgegeben. Auf der Homepage des Verbands kann ein Leitfaden für Trennungssituationen bestellt werden.
  www.vamv-bayern.de/angebot/broschueren/trennung-was-nun-ein-leitfaden-in-trennungssituationen/

Literaturverzeichnis

ARD Mediathek (2021). Pendelkinder. www.ardmediathek.de/video/nah-dran/pendelkinder-eine-woche-mama-eine-woche-papa/mdr-fernsehen/Y3JpZDovL21kci5kZS9iZWlocmFnL2Ntcy81OTY3Y-zA5ZCozNGM5LTRkNjMtYWZlMSoxYzVkNWMyYjgxNmY (zuletzt abgerufen am 7. März 2022).

Bauserman, R., (2002). Child adjustment in joint-custody versus sole-custody arrangements: A meta-analytic review. Journal of Family Psychology, 16(1), 91–102.

Beck, U., (1986). Risikogesellschaft. Auf dem Weg in eine andere Moderne. Frankfurt am Main. Suhrkamp.

Bertelsmann-Stiftung (Hg.) (2021). Alleinerziehende weiter unter Druck. Online verfügbar unter: www.bertelsmann-stiftung.de/de/publikationen/publikation/did/alleinerziehende-weiter-unter-druck (zuletzt abgerufen am 7. März 2022).

Binghamton University (2015): Marriage Lab. Marriage and Family Studies. Online verfügbar unter: www.binghamton.edu/psychology/labs/marriage/index.html (zuletzt abgerufen am 7. März 2022).

BMFSFJ (2013). Stief- und Patchworkfamilien in Deutschland. Online verfügbar unter: www.bmfsfj.de/resource/blob/76242/1ab4cc-12c386789b943fc7e12fdef6a1/monitor-familienforschung-ausgabe-31-data.pdf (zuletzt abgerufen am 7. März 2022).

BMFSFJ (2017). Bilanz 10 Jahre Elterngeld. Online verfügbar unter: www.bmfsfj.de/resource/blob/113300/8802e54b6f0d78e160ddc3b0fd6fbc1e/10-jahre-elterngeld-bilanz-data.pdf (zuletzt abgerufen am 7. März 2022).

BMFSFJ (2016/2021). Väterreport – Update 2021. Online verfügbar unter: www.bmfsfj.de/bmfsfj/service/publikationen/vaeterreport-update-2021–186180 (zuletzt abgerufen am 7. März 2022).

BMFSFJ (2021). Gutachten des Wissenschaftlichen Beirats für Familienfragen beim Bundesministerium für Familie, Senioren, Frauen und Jugend. Gemeinsam getrennt erziehen. Online verfügbar unter: www.bmfsfj.de/bmfsfj/service/publikationen/gemeinsam-getrennt-erziehen-186696 (zuletzt abgerufen am 7. März 2022).

Buchhave, H., Cunningham, W., Nguyen G., Weimann-Sandig, N., (2020). Perceptions of gender disparities in Vietnam's labor market. Washington, D. C. World Bank Group.

Bundesgerichtshof (2017): Pressemitteilung zur Anordnung des Wechselmodells. Az.: XII ZB 601/15. Online verfügbar unter: http://juris.bundesgerichtshof.de/cgi-bin/rechtsprechung/document.py?Gericht=

bgh & Art= en & Datum= Aktuell & nr= 77517 & linked= pm (zuletzt abgerufen am 7. März 2022).

Cummings, E. M., Davies, P. T., (2002). Effects of marital conflict on children: recent advances and emerging themes in process-oriented research. Journal of Child Psychology and Psychiatry, 43, 31–63.

Deutscher Bundestag (2020). Sachverständigenanhörung zum Begriff des Kindeswohls. Online verfügbar unter: Sachverständigenanhörung zum Begriff Kindeswohl im Deutschen Bundestag 3. August 2020. Online verfügbar unter: https://www.bundestag.de/resource/blob/794610/4f00064cd4e3bdbfd7679d593aa02b4c/WD-9-039-20-pdf-data.pdf (zuletzt abgerufen am 7. März 2022).

Deutscher Bundestag (2018). Dokumentation zur Entwicklung der Risiken von Scheidung und Trennung in verschiedenen Familien- und Lebensformen. Online verfügbar unter: www.bundestag.de/resource/blob/575702/e3051fdc35fe0ad87c0919137e8b058 f/WD-9–053-18-pd-data.pdf (zuletzt abgerufen am 7. März 2022).

Deutsches Jugendinstitut (2010). Geteilte Sorge. Wie sich die Trennung der Eltern auf Kinder auswirkt – und die Familien einen Neuanfang meistern können. DJI-Bulletin, Heft 89, 1/2010. Online verfügbar unter: www.dji.de/fileadmin/user_upload/bulletin/d_bull_d/bull89_d/DJIB_89.pdf (zuletzt abgerufen am 7. März 2022).

Deutsches Jugendinstitut (2016). Familienernährer ade? Interview mit dem Geschlechtersoziologen Michael Meuser in: DJI-Impulse 1/2016, Seite 8.

Eder, Sigrun (2021). Mama zieht aus. Salzburg, Edition Riedenburg.

Fichtner, J., Dietrich, P., Halatcheva, M., Hermann, U., Sandner, E., (2010). Kinderschutz bei hochstrittiger Elternschaft. Wissenschaftlicher Abschlussbericht. Deutsches Jugendinstitut. Online verfügbar unter: www.dji.de/fileadmin/user_upload/bibs/6_HochkonflikthaftigkeitWissenschaftlicherAbschlussbericht.pdf (zuletzt abgerufen am 7. März 2022).

Giddens, A., (1992). The Transformation of Intimacy: Sexuality, Love & Eroticism in Modern Societies. Stanford University Press.

Institut Allensbach (2014). Weichenstellungen für die Aufgabenverteilung in Familie und Beruf. Untersuchungsbericht zu einer repräsentativen Befragung von Elternpaaren im Auftrag des Bundesministeriums für Familie, Senioren, Frauen und Jugend. Online verfügbar unter: www.ifd-allensbach.de/fileadmin/studien/Weichenstellungen.pdf (zuletzt abgerufen am 7. März 2022).

Jurczyk, K., Lange, A., Thiessen, B., (2014). Doing Family. Warum Familienleben heute nicht mehr selbstverständlich ist. München: Beltz Juventa.

Kline, M., Tschann, J. M., Johnston, J. R., Wallerstein, J. S., (1989). Children's adjustment in joint and sole physical custody families. *Developmental Psychology*, 25(3), 430–438. Online verfügbar unter: https://doi.org/10.1037/0012–1649.25.3.430 (zuletzt abgerufen am 7. März 2022).

Lamb, M. E., (2010). How do fathers influence children's development? Let me count the ways. In M. E. Lamb (Hrsg.), The role of the father in child development (S. 1–26). Hoboken, New Jersey: John Wiley & Sons, Inc.

Li, X., et al. (2015). Väter 2015: Wie aktiv sind sie, wie geht es ihnen und was brauchen sie? Eine aktuelle Studie des Deutschen Jugendinstituts. München.

Mayordomo, M., (2008). Konstruktion von Männlichkeit in der Antike und der paulinischen Korintherkorrespondenz. In: Evangelische Theologie 68. Jahrgang, Heft 2, Seite 99–115.

Meuser, M., (2005). Herausgeforderte Männlichkeit. Neue Zwänge oder neue Optionen? SoWi, 34(3), 50–60.

Meyer, Th., (2018). Trennt euch! Ein Essay über inkompatible Beziehungen und deren wohlverdientes Ende. Zürich, Salis.

OECD (2017). Dare to Share – Deutschlands Weg zur Partnerschaftlichkeit in Familie und Beruf. Online verfügbar unter: www.oecd.org/els/dare-to-share-deutschlands-weg-zur-partnerschaftlichkeit-in-familie-und-beruf-9789264263420-de.htm (zuletzt abgerufen am 7. März 2022).

Possinger, J. (2013). Vaterschaft im Spannungsfeld von Erwerbs- und Familienleben: »Neuen Vätern« auf der Spur. Springer VS.

Rodham, H., (1973). Children Under the Law. Harvard Educational Review 43(4): 487–514.

Sachs, A., Jakob A., Limbers, J., Moog, S., Weinelt, H., (2020). Lohneinkommensentwicklungen 2025. Wirkung der Produktivität auf die Lohndynamik. Bertelsmann-Stiftung: Gütersloh. Online verfügbar unter: www.bertelsmann-stiftung.de/fileadmin/files/BSt/Publikationen/GrauePublikationen/NW_Lohneinkommen_2025.pdf (zuletzt abgerufen am 7. März 2022).

Sächsisches Staatsministerium für Soziales und Gesellschaftlichen Zusammenhalt (2020). Sozialbericht Sachsen 2019. Online verfügbar unter: www.sozialbericht.sachsen.de (zuletzt abgerufen am 7. März 2022).

Statistisches Bundesamt (2021). Ehescheidungen und betroffene minderjährige Kinder. Online verfügbar unter: www.destatis.de/DE/Themen/Gesellschaft-Umwelt/Bevoelkerung/Eheschliessungen-Ehescheidungen-Lebenspartnerschaften/Tabellen/ehescheidungen-kinder.html (zuletzt abgerufen am 7. März 2022).

Statistisches Bundesamt (2020). Zahl der Ehescheidungen in Deutschland. Online verfügbar unter: www.destatis.de/DE/Presse/Pressemitteilungen/2021/08/PD21_378_126.html (zuletzt abgerufen am 7. März 2022).

Statistisches Bundesamt (2017). 2,8 Millionen nicht eheliche Lebensgemeinschaften in Deutschland. Online verfügbar unter: www.destatis.de/DE/Presse/Pressemitteilungen/Zahl-der-Woche/2017/PD17_24_p002.html (zuletzt abgerufen am 7. März 2022).

Storksen, I., Roysamb, E., Moum, T., Tambs, K., (2005). Adolescents with a childhood experience of parental divorce: A longitudinal study of mental health and adjustment. Journal of Adolescence, 28, 725–739.

Sünderhauf, H., (2013). Wechselmodell: Psychologie – Recht – Praxis: Abwechselnde Kinderbetreuung durch Eltern nach Trennung und Scheidung. Springer VS.

Sünderhauf, H., (2020). Praxisratgeber Wechselmodell: Wie Getrennterziehen im Alltag funktioniert. Springer VS.

Tophoven, S., Lietzmann, T., Reite, S., Wenzig, C., (2018). Aufwachsen in Armutslagen. Zentrale Einflussfaktoren und Folgen für die soziale Teilhabe. Bertelsmann Stiftung: Gütersloh. Online verfügbar unter: www.bertelsmann-stiftung.de/aufwachsen-in-armut (zuletzt abgerufen am 7. März 2022).

Volmert, Julia (2007). Wir bleiben eure Eltern! Haan, Albarello.

Walper, S., (2016). Arrangements elterlicher Fürsorge nach Trennung und Scheidung: Das Wechselmodell im Licht neuer Daten aus Deutschland. Online verfügbar unter: www.researchgate.net/publication/314236174_Arrangements_elterlicher_Fuersorge_nach_Trennung_und_Scheidung_Das_Wechselmodell_im_Licht_neuer_Daten_aus_Deutschland (zuletzt abgerufen am 7. März 2022).

Wissenschaft aktuell (2015). Warum Frauen häufiger die Scheidung wünschen als Männer. Von Joachim Czichos. Online verfügbar unter: www.wissenschaft-aktuell.de/artikel/Warum_Frauen_haeufiger_die_Scheidung_wuenschen_als_Maenner_1771015589928.html (zuletzt abgerufen am 7. März 2022).

Weimann-Sandig, N., (2020). Studie zur Situation von Alleinerziehenden in Sachsen seit Beginn der Coronapandemie. Online verfügbar unter: https://eaf-sachsen.de/wp-content/uploads/2020/12/Ergebnisse_EHS_Corona_Alleinerziehende.pdf (zuletzt abgerufen am 7. März 2022).

Weimann-Sandig, N., (2021). Interview mit dem Blog *StadtLandMama*. Wechselmodell: Warum klappt das in einigen Familien und in anderen nicht? Online verfügbar unter: www.stadtlandmama.de/content/wechselmodell-warum-klappt-das-in-einigen-familien-und-in-anderen-nicht (zuletzt abgerufen am 7. März 2022).

Weimann-Sandig, N., (2021). Perspektiven von Familienmitgliedern auf das Wechselmodell. Ergebnisse einer explorativen Untersuchung. Schriftenreihe ehs-Forschung 2/2021. DOI:10.25366/2021.90. nbn-resolving.org/urn:nbn:de:bsz:14-qucosa2–764971. Online verfügbar unter: www.ehs-dresden.de/news/einzelne-news/article/schriftenreihe-ehs-forschung-heft-2-perspektiven-von-familienmitgliedern-auf-das-wechselmodell/ (zuletzt abgerufen am 7. März 2022).

Weimann-Sandig, N., Osiander, C., (2013): Qualifizierung von Arbeitslosen aus dem SGB II: Begrenztes Potenzial für Erziehungsberufe. IAB-Kurzbericht 8/2013. Online verfügbar unter: www.iab.de/194/section.aspx/Publikation/k130423no (zuletzt abgerufen am 7. März 2022).

Zimmermann, P., Neumann, A., (2011). Die Auswirkungen von Konflikten zwischen Eltern auf ihre Kinder: Ergebnisse der Entwicklungspsychologie und der Bindungsforschung. In: Die Kinderschutz-Zentren (Hrsg.), Kinder im Spannungsfeld elterlicher Konflikte (Seite 29–54). Köln: Bundesarbeitsgemeinschaft der Kinderschutz-Zentren e. V.

Anmerkungen

1 Deutsches Jugendinstitut 2010, Seite 3.
2 Statistisches Bundesamt 2020.
3 ARD Mediathek 2021.
4 Sachverständigenanhörung zum Begriff Kindeswohl im Deutschen Bundestag vom 3. August 2020.
5 Rodham 1973.
6 Dies regelt Absatz 1, §1697a BGB.
7 Statistisches Bundesamt 2021.
8 Deutscher Bundestag 2018.
9 Statistisches Bundesamt 2017.
10 Beck 1986.
11 Giddens 1992.
12 Jurczyk et al. 2014.
13 Beck 1986.
14 Buchhave et al. 2020.
15 BMFSFJ 2017.
16 BMFSFJ 2016.
17 Wissenschaft aktuell 2015.
18 Binghamton University 2015.
19 www.lto.de/recht/hintergruende/h/familienrecht-kinder-betreuung-wechselmodell-residenzmodell-umgang-sorge/ (zuletzt abgerufen am 7. März 2022).
20 Weimann-Sandig/Osiander 2013
21 Weimann-Sandig 2021
22 Bauserman 2002.
23 Sünderhauf 2013; Sünderhauf 2020.
24 Bundesgerichtshof 2017; Az.: XII ZB 601/15
25 Twitter-Kommentar einer Mutter zur Veröffentlichung meiner Studie »Perspektiven von Familienmitgliedern auf das Wechselmodell. Eine explorative Untersuchung« (2021).
26 Entscheidung zum Wechselmodell, BGH NZFam 2015, 166 (siehe in der Literaturliste: Bundesgerichtshof 2017).
27 Statistisches Bundesamt 2019.
28 BMFSFJ Alleinerziehendenreport 2021.
29 Sozialbericht Sachsen 2019.
30 Weimann-Sandig 2021.
31 Bertelsmann-Stiftung 2021.
32 Sachs et al. 2020.

33 Tophoven et al. 2018.

34 Ein Überblick über diese Leistungen, findet sich hier: www.bmfsfj.de/bmfsfj/themen/corona-pandemie/finanzielle-unterstuetzung (zuletzt abgerufen am 7. März 2022).

35 Bertelsmann-Stiftung 2021, Institut Allensbach 2014

36 Li, Xuan et al. 2015.

37 Possinger 2013.

38 Deutsches Jugendinstitut 2016.

39 OECD 2017.

40 Lamb 2010.

41 Kline et al. 1989.

42 Weimann-Sandig 2021.

43 Storksen et al. 2005

44 nach www.spektrum.de/wissen/die-fuenf-grossen-fragen-der-gluecksforschung/1404493 (zuletzt abgerufen am 7. März 2022).

45 Vortrag von Robert J. Waldinger: »What makes a good life? Lessons from the longest study on happiness.« Online verfügbar unter: www.youtube.com/watch?v=8KkKuTCFvzI&t=11s (zuletzt abgerufen am 7. März 2022).

46 BMFSFJ 2013.

47 BMFSFJ 2021.

48 Fichtner et al. 2010.

49 Zimmermann & Neumann 2011; Cummings & Davies 2002.